Fin d'une série de documents
en couleur

LE
CONTEUR
DE L'ENFANCE

1re IN 8º.

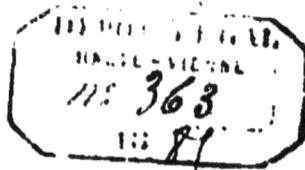

LE CONTEUR

DE

L'ENFANCE

LECTURES RELIGIEUSES, MORALES, HISTORIQUES

PAR BERQUIN

recueillies

PAR E. DE CORGNAC

LIMOGES

EUGÈNE ARDANT ET Cⁱᵉ, ÉDITEURS.

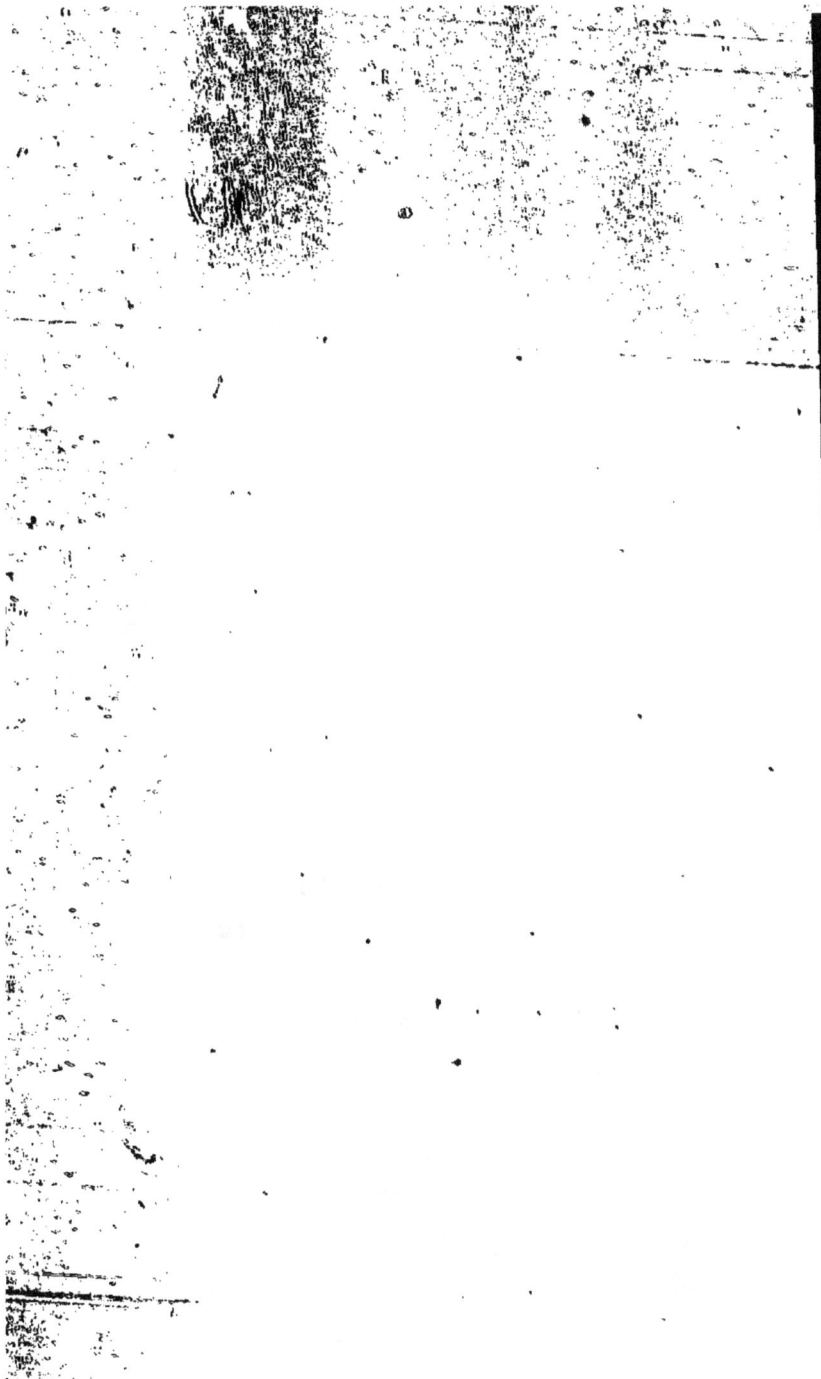

CONTEUR DE L'ENFANCE.

LA NÉCESSITÉ DES BONS PRINCIPES.

Au commencement de ce siècle, lady Sheldon, femme du chevalier Philippe Sheldon, avait vu, dans le comté de Middlesex, la fortune de son mari et la sienne presque dévorées par l'amour qu'avait son mari pour les plaisirs de la table et de la chasse, et par les complaisances déraisonnables qu'elle avait eues pour seconder sa dissipation.

Née d'un caractère insouciant et facile qui l'avait conduite à sa ruine, elle ne mesura la profondeur de l'abîme où elle s'était laissée entraîner que lorsqu'elle vit revenir d'Oxford un fils qui y avait été élevé,

et dont la présence ranima, ou plutôt fit naître dans
son âme un sentiment maternel qu'elle n'avait point
encore éprouvé.

D'une figure aimable, d'un cœur droit et d'un esprit éclairé, le jeune Sheldon, en versant des larmes
de tendresse sur le sein de sa mère qu'il n'avait
point vue depuis dix ans, la pénétra du sentiment le
plus vif de repentir et de douleur, lorsqu'elle entrevit
le peu de secours dont lui seraient son père et elle-
même.

Les suites de l'intempérance avaient accablé de
goutte le chevalier Sheldon, ce qui accélérait chaque
jour l'imbécilité dont il était menacé, par l'usage im-
modéré des boissons les plus fortes.

Le jeune Sheldon s'aperçut bientôt du désordre
des affaires de son père, et conçut le projet de passer dans les colonies, pour aller chercher de quoi
soutenir des parents pour lesquels il avait un respect
et un attachement sans bornes.

Il fit part à sa mère de ce dessein, qui la déchira.
Elle avait pu se priver longtemps d'un bien dont elle
ne connaissait pas le prix ; mais depuis qu'elle avait
vu son fils, et que son mérite l'avait frappée, elle
ne pouvait plus s'en séparer ; et elle mit à son em-
barquement des obstacles si tendres, que Sheldon
ne partit point.

Dans ces circonstances, un parent du chevalier

Sheldon mourut à Londres sans enfants, et laissa une fortune assez considérable, à laquelle Sheldon le fils était appelé ; mais le testament était attaqué : c'était un procès qu'il fallait soutenir, et Sheldon le père était hors d'état de sortir de sa maison.

Il n'y avait que lady Sheldon ou son fils qui pût aller solliciter une décision favorable à Londres, parce que l'un des deux devait nécessairement rester près du goutteux chevalier, qu'on ne pouvait quitter un seul jour. Si c'était le jeune homme qu'on chargeât de cette poursuite, on exposait peut-être sa sagesse et ses mœurs, dans une capitale qui passait pour en être le tombeau. C'était la crainte honnête de milady, qui pensait encore en bonne mère de province ; et ce fut le motif qui la fit solliciter vivement auprès de son mari la procuration dont elle avait besoin pour se charger de cette affaire. Elle trouvait d'ailleurs un plaisir infini à aller s'occuper pour un fils dont elle avait trop longtemps négligé les intérêts.

Dès qu'elle eut fait les arrangements nécessaires pour laisser à son mari quelqu'un qui pût la suppléer pour les soins dont il avait besoin, elle partit, et laissa le jeune et raisonnable Sheldon auprès d'un père dont il tâchait chaque jour de modérer les habitudes vicieuses qui menaçaient sa vie.

Arrivée à Londres, où le trop fameux Collins, né

comme elle dans le comté de Middlesex, était alors,
ce fut une des premières connaissances qu'elle fit
dans cette ville, sans en prévoir les conséquences.
Sa réputation d'un des écrivains les plus dangereux
de ce siècle, loin d'empêcher qu'il n'eût de très
grandes liaisons à la ville et même à la cour, semblait les favoriser et les augmenter chaque jour.
Milady Sheldon, qui d'abord n'était occupée que des
moyens de balancer le crédit de ses parties adverses,
crut ne pas pouvoir contracter une société plus utile
que celle du juge de paix du comté d'Essex.

Il la servit en effet avec chaleur contre les gens
qui lui disputaient mal à propos les biens du parent
de son mari ; mais, comme ils s'étaient particulièrement attachés l'un à l'autre, à la faveur du voisinage, leur intimité devint bientôt funeste à milady,
qui suça insensiblement le poison de l'incrédulité
que professait ouvertement son ami, tant par ses
écrits que par ses discours aussi peu ménagés.

Étonnée de toutes les nouveautés dont il frappait
chaque jour sa faiblesse et sa confiance naturelle,
elle fut d'abord la plus docile de ses élèves, et fit des
progrès si rapides dans la commode science du doute,
qu'elle devint en peu de temps l'objet de la vénéra-
tion et de la flatterie de son maître, et de celle des
Toland et des Tindal, que Collins avait présentés à

Milady comme ses aides-de-camp dans les combats qu'il livrait à toutes les vérités reçues.

Le procès de la succession n'en était pas plus négligé, et prenait même une assez bonne tournure, lorsqu'elle apprit par son fils que le chevalier Sheldon venait tout-à-coup de mourir d'une goutte remontée, et dans les meilleurs sentiments possibles. Cette dernière circonstance de la lettre du jeune Sheldon lui fit lever les épaules; et cette force qu'on avait fait passer dans son esprit lui fit soutenir avec courage une nouvelle qui l'eût attendrie quelques mois auparavant.

Son premier soin fut alors d'appeler son fils auprès d'elle, pour étendre, disait-elle, ses connaissances, pour surmonter de petits préjugés que la province et le collége avaient dû laisser dans son esprit, et pour lui faire partager les leçons de ses maîtres.

Sheldon, en effet, arriva bientôt à Londres; mais quel fut son étonnement et sa douleur lorsqu'il vit sa mère transformée en catéchiste enthousiaste de l'incrédulité! Tout ce que son séjour avait produit d'heureux pour le dénoûment du procès ne put le consoler de la perte qu'avait faite lady Sheldon des premiers principes de son éducation, les seuls qui soient faits pour le bonheur même de cette vie.

Il dissimula cependant: il écouta patiemment les

Tindal et les Collins, sans avoir l'air de se laisser entraîner vers eux, mais sans leur dévoiler l'effroi intérieur que lui causaient la hardiesse et la témérité de leurs réflexions sur les objets les plus respectables.

Lady Sheldon s'étonnait et s'impatientait même quelquefois de la lenteur avec laquelle son fils se portait vers l'abus moderne de la philosophie, qu'on honorait du nom de vérité; et celui-ci, déjà sans doute rempli du projet qu'on lui verra mettre à exécution dans la suite, eut l'air de se rendre à la fin, et de vouloir être aussi digne que sa mère des éloges du fameux triumvirat.

L'affaire de l'hérédité fut enfin portée à l'audience, et perdue de la part des contradicteurs de Sheldon, qui obtint aussitôt de sa mère de la précéder dans sa terre, où il allait l'attendre. L'exécution de l'arrêt et l'envoi en possession furent donc encore confiés à Milady, qui ne perdit point de temps pour se rejoindre à un fils qu'elle adorait, et dont elle allait dépendre, puisque toute la fortune de sa maison était sur la tête de Sheldon.

La connaissance qu'elle avait de la tendresse de ce fils ne lui laissait aucun doute sur les procédés qu'elle en attendait, et elle se regardait comme la plus heureuse des mères.

Elle avait fait part à Sheldon du jour et de l'heure

de son arrivée, et elle ne fut pas médiocrement surprise de n'avoir vu personne venir au-devant d'elle,
et d'avoir pénétré jusque dans les cours du château
sans avoir rencontré qui que ce soit. Sheldon serait-il absent ou malade ? se disait-elle en frémissant.

Elle entre dans le salon, et y aperçoit son fils mol-
lement étendu sur une bergère, un livre à la main.
Il se lève, vient à elle et l'embrasse, mais sans tendresse, sans cette effusion d'un cœur qui sait aimer....
Sheldon ! mon cher Sheldon ! lui dit Milady, que si-
gnifie la réception que vous me faites ?

— Eh quoi ! auriez-vous à vous plaindre, Madame ?.... Je suis très aise, mais fort aise, en vérité,
de vous voir. Vous êtes peut-être fatiguée : je vais
vous montrer votre appartement.

— Me le montrer ? et ne le sais-je pas, n'ai-je pas
toujours le mien ?

— On a été dans la dure nécessité de faire ici
quelques petits changements ; vous voudrez bien,
Madame, vous prêter aux différences qu'on y a
mises.

Il donne en même temps la main à sa mère, et la
conduit à un des coins du château, où l'appartement
le plus obscur et le moins commode est destiné pour
elle. Déjà ses gens y ont porté ses malles, et à peine
y est-elle entrée que Sheldon lui fait une humble
révérence, et se retire plus en tat qu'en fils tendre,

dans la crainte, dit-il, de l'importuner dans ces premiers moments.

L'étonnement de Milady était si grand qu'elle s'é-
tait assise sans pouvoir proférer une seule parole, et
qu'elle avait vu Sheldon la quitter sans pouvoir le
rappeler. L'heure du souper arrive : on lui fait demander si elle descendra, et Milady indignée repousse hors de chez elle le valet qui lui fait cette
question; elle s'enferme, on n'insiste point, et elle
passe dans l'agitation et le trouble la plus cruelle des
nuits.

Le lendemain son fils ne paraît pas; il envoie ca-
valièrement demander de ses nouvelles. Milady n'y
tient point; elle descend chez Sheldon, et, les larmes
aux yeux, se précipite dans ses bras qu'il retire.

Sheldon, d'un sang-froid insoutenable, lui demande ce qu'elle a. Ce que j'ai? lui dit-elle; ô mon
fils! vous m'en faites la question? est-ce bien vous
que j'aimais, et dont je me croyais aimée, qui me
traitez ainsi? vous osez chasser votre mère de son
appartement!

— Ah! ce n'est que cela? il est destiné, Madame.

— Et à qui, s'il vous plaît?

— A ma femme.

— A votre femme? Quoi! vous vous mariez?

— Incessamment.

— Et je n'en suis pas instruite; et je n'ai pas présidé au choix de votre épouse !

— Chacun ici pour soi, ma mère : vous n'y pensez pas.... vous la verrez; on vous la montrera.... je ne prétends pas vous la cacher; mais vous auriez peut-être désapprouvé mon choix, et je prétends bien m'écarter de ces petites règles de convenances, de ces entraves sociales qui ne retiennent que des sots.

Il appelle alors un domestique, et donne ordre qu'on fasse descendre Léonora.

— Quelle est cette Léonora? dit lady Sheldon.

— C'est ma future, répond son fils.

Et en même temps on voit entrer une petite personne d'une assez jolie figure, mais sans noblesse, sans maintien, sans décence, ridiculement surchargée de toute l'exagération des modes. Sheldon la lui présente, et Milady se retire avec effroi.

— Mais quelle folie, Madame, et à qui en avez-vous? C'est la plus aimable cantatrice de Londres que j'ai amenée ici avec moi.

— Pour l'épouser, Sheldon?

— Oui, Madame, interrompt Léonora, pour m'épouser en nœuds légitimes. Je ne suis pas venue me claquemurer dans un château de l'autre siècle pour autre chose. J'ai bien en bonne forme la promesse par écrit de votre fils, et j'espère, maman, que vous voudrez bien signer au contrat.

— Une fille de spectacle! s'écria Milady. Puisse cette main sécher avant de la voir participer à l'infamie de mon fils!

A ces mots, Léonora veut prendre la parole; mais elle se trouble; elle tombe sur un siége et s'évanouit. Sheldon appelle du secours, et on entraîne la petite personne dans un autre appartement.

— Ecoutez-moi, mon fils, dit alors Milady, la bouche palpitante, le cœur gros et l'œil en courroux : non! non! je ne consentirai jamais à ce que vous attendez de moi. Une fille sans naissance, et sans mœurs apparemment.

— Mais, Madame, vous m'étonnez. Vous voilà tout à travers les petites formules bourgeoises dont je vous ai crue revenue. Qu'est-ce que de la naissance pour des gens qui pensent comme nous? Et des mœurs, est-ce qu'on en parle encore? Eh! fi donc! A peine avez vous quitté vos maîtres et les miens, et déjà vous retombez dans vos vieilles façons d'envisager les choses. Oh! je ne suis pas de cette inconséquence-là. Grâce à vos soins, j'ai vu avec évidence que tout aboutissait ici-bas à l'intérêt personnel, à notre satisfaction individuelle, et j'ai pour toujours abjuré les pusillanimités qui nous retiennent dans des craintes que rien n'a le droit de nous inspirer. Je puis disposer de moi quand et comme il me conviendra, et vous trouverez bon, s'il vous plaît,

que je n'aie pas acquis des lumières en pure perte,
et que ma nouvelle sagesse tourne à mon profit. Si
cela ne vous convenait point (ce qui m'étonnerait
fort), alors il y a un parti à prendre : la liberté.
C'est la devise d'un Anglais. Une petite pension,
qu'il faudra bien vous faire, peut vous mettre dans
le cas de vivre où vous voudrez.

— Arrête ! ingrat ! interrompit Milady, tu m'épou-
vantes. Qu'est devenue cette âme douce et bonne
que je te connaissais ?

— Premièrement, il n'y a point d'ingrats, ma
mère, parce que tout ce qu'on a eu l'air de faire
pour les autres, c'est pour soi-même qu'on l'a fait ;
que nous sommes le véritable et l'unique centre de
nos actions, et qu'à la place de ce mot de bienfaisance, follement imaginé, il faut écrire partout :
amour-propre, intérêt. Ce sont les éléments de ce
que nous avons appris vous et moi. D'ailleurs, je sup-
pose avec vous que je sois dans l'erreur, que ma
conduite soit condamnable; si je suis un agent nécessaire, votre courroux est injuste et inutile. Or,
qui le sait mieux que vous, ma mère ? Ne nous a-t-on
pas prouvé que nous sommes invinciblement déter-
minés, à chaque instant, par les circonstances où
nous nous trouvons, et par les causes qui nous meu-
vent, à faire précisément telle action, et à ne pouvoir en faire une autre ? Rappelez-vous, ma mère,

le mot victorieux de notre mentor, de notre oracle de Londres : « Il est aussi impossible que Jules César ne mourût pas dans le sénat, qu'il est impossible que deux et demi fassent six. » Point de réponse à cela, convenez-en.

— Ah! mon fils, ah! Sheldon, s'écria sa mère, je vous ai donc perdu; j'ai donc étouffé vos vertus, en vous forçant d'écouter le monstre qui m'abusait! Quelle lumière vous jetez dans mon âme! Mais, Sheldon, ce n'est point mon intérêt que je vois ici, daignez m'en croire, c'est le vôtre. Votre ancien caractère était si doux! vous étiez si digne de l'estime des honnêtes gens! et vous allez les effrayer désormais, n'en doutez point. On vous fuira, vous que je voyais recherché par tout le monde. Ah! de grâce, revenez à vous-même; je le sens trop, de faux principes feraient des monstres de nous. Soyons ce que nous étions, mon fils, avant le funeste voyage de Londres. Aidez-moi à me pardonner le petit orgueil dont on avait rempli mon esprit, et la part funeste que j'ai malheureusement à votre changement. Ah! Sheldon, n'épousez point Léonora, ne vous avilissez point, ne punissez que moi. Je le sens, je l'ai mérité; mais vous, croyez-vous encore digne de votre propre respect.

À ces mots, Sheldon court à sa mère, un torrent de larmes coule de ses yeux; il la tient serrée dans

ses bras, il la couvre de cent baisers. Oh ! ma mère,
s'écrie-t-il à travers les sanglots qui coupent sa
voix, je vous ai donc sauvée de la contagion ! Il n'a
fallu que mettre en action une partie des principes
séducteurs que vous adoptiez dans les livres ou dans
les conversations de vos maîtres, pour exciter votre
horreur. Oh ! ma respectable et tendre mère, par-
donnez à votre fils le ton d'insolence qu'il s'est vu
forcé de prendre avec vous pour opérer cette crise
qu'il espérait. Ah ! si vous saviez ce qu'il m'en a
coûté pour m'y résoudre, ce que j'ai souffert pour ne
me pas démentir : vingt fois j'ai été tenté de me jeter à vos pieds, comme je m'y précipite actuellement, jusqu'à ce que vous m'ayez accordé ma grâce.

— Ta grâce, vertueux Sheldon ! et n'est-ce pas à
moi que tu es obligé de la faire ? Lève-toi, lève-toi,
fils estimable d'une indiscrète mère, qui n'aura plus
de guide que ton cœur. Mais, dis-moi, Sheldon,
quelle est donc cette Léonora ?

— La nouvelle femme de chambre de votre amie
lady Seners, qui a joué son rôle et son évanouisse-
ment à merveille, et à qui vous pardonnerez comme
à moi.

— Oh ! je t'en réponds. Ce qui m'étonne actuellement, c'est que je ne l'aie pas deviné d'abord.

— Je le craignais un peu, et ne le souhaitais pas.

— Tu as raison. Il a fallu que j'y fusse trompée,

et qu'une nuit entière passée à réfléchir et sur toi et
sur moi-même me préparât au repentir et à la honte
du faux bel-esprit dont j'avais laissé remplir ma tête.

Alors Sheldon fit un signal dont il était convenu,
et Léonora reparut avec lady Senora, sa maîtresse,
mais dans l'habillement convenable à son état, et
dans la posture de quelqu'un qui demande grâce.
Lady Sheldon, enchantée, l'embrassa, ainsi que son
amie, et ne fut plus que la meilleure et la plus honnête mère du comté, dont elle aurait été, sans le
courage de son fils, la plus ridicule et la plus dangereuse.

LE JEUNE HOMME VERTUEUX.

Il était presque nuit quand M. Wills, sortant de
chez un ami pour revenir dans sa maison, se rendait
par la porte de Buckingham à Chelsea. A peine eut-il
fait quelques pas dans une allée obscure qu'il aperçut une fille dont la démarche et les vêtements ne
lui parurent pas annoncer une de ces malheureuses
victimes du libertinage qui viennent ordinairement
dans cet endroit. Il la suivit de près. Elle paraissait
être dans une extrême indigence ; cependant, quoique simplement vêtue, son ajustement était propre,

sans être recherché. Son chapeau était rabattu sur
ses yeux. La tête penchée sur son sein, elle paraissait être dans le plus grand accablement. Ni le bruit
que faisait Wills en marchant derrière elle, ni ceux
qui passaient et repassaient, rien ne pouvait l'émouvoir; elle était entièrement absorbée dans ses réflexions. Wills la suivit longtemps, s'efforçant en
vain de deviner le motif de cette conduite; sa tristesse le toucha, et sa démarche fit naître sa curiosité.

Mais il ne savait comment l'aborder, et il n'avait
encore pris aucune résolution : cette fille cependant
était au bout de la promenade. Les yeux fixés sur
l'étang de Rosamond, elle portait ses pas de ce côté;
il était temps que Wills se déterminât; il allait bientôt perdre l'occasion de la connaître. « Où allez-
vous, Madame? lui dit-il d'une voix basse et trem-
blante. » Elle s'arrêta, le regarda, mais sans répondre. « Où allez-vous, Madame?

—Je vais mourir sur le sein de mon malheureux
père : il ne sait pas, hélas! pourquoi je l'ai quitté.
J'ai vu le jour pour la dernière fois : je vais expirer
dans ses.... » Elle ne put achever : le désespoir
étouffait sa voix : elle allait y succomber, si des torrents de pleurs ne l'avaient enfin soulagée. Wills fut
étourdi de cette réponse inattendue.

—Vous convient-il, à cet âge, Madame, de penser
à mourir? votre carrière peut être encore longue et

heureuse : quel événement assez funeste vous inspire une si cruelle résolution ?

— Le besoin, la détresse, tout ce que la misère a
de plus affreux se réunit pour empoisonner mes
jours à peine commencés ; il est temps, il est bien
temps qu'ils finissent.

— S'il ne manque à votre repos que l'argent nécessaire à soulager vos besoins, je puis vous le rendre,
Madame : confiez-moi votre situation, je l'adoucirai :
daignez en attendant accepter ces deux guinées ;
c'est tout ce que j'ai sur moi.

— Quel prix mettez-vous à votre générosité ? dit-
elle d'un ton ferme.

— Le plaisir pur de faire une bonne action, et de
vous sauver des extrémités du désespoir.

— C'est trop ; oui, c'est trop, Monsieur. J'ai vu les
hommes si méchants que j'ai peine à vous croire. On
dit cependant qu'il y a encore de ces mortels bien-
faisants pour qui la vertu n'est point un effort. Ah !
Monsieur, seriez-vous un de ces êtres célestes ! au-
rais-je bien le bonheur !... Ici ses genoux se plièrent
sous elle ; elle se soutenait à peine. Un siége heureusement se trouva près de là, elle s'y laissa tomber
en pleurant. Wills s'assit à son côté.

— Je n'ai point d'autre motif, je vous le proteste,
Mademoiselle, que le plaisir de remplir les devoirs
sacrés de l'humanité : mais vos discours, vos maniè-

ces, le lieu où vous êtes, tout m'étonne. Pardon si
j'ose vous demander le sujet de vos larmes : ce n'est
point une curiosité indiscrète, c'est le désir de vous
servir qui m'enhardit à vous faire cette question.

— A tout ce que j'entends, je n'en puis douter,
Monsieur : écoutez-moi. Oh ! quelle carrière je vais
ouvrir à votre humanité !.... Mais, dit-elle en se levant brusquement, j'oublie que mon pauvre père
expire de besoin en ce moment.

— Juste ciel ! et où est-il ? Dans une affreuse
prison...

— Gardez-vous de croire que le crime l'y ait conduit... en est-ce un d'avoir trop estimé son honneur
et celui de sa malheureuse fille ?

— Allons donc, allons le voir, je veux vous y accompagner.

— Hélas ! Monsieur, ce spectacle est trop cruel,
vous ne le supporterez jamais : moi-même, accoutumée à toutes les horreurs de la misère, je ne puis
m'empêcher de le redouter. Ils traversèrent ensemble la grande allée. Convaincue de l'honnêteté du
jeune homme, cette fille ne fit aucune difficulté d'accepter son bras.

— Mais, reprit Wills, puisque je ne puis voir votre père ce soir, permettez au moins que je vous
rende à l'un et à l'autre ma visite demain matin.
Où est-il ? comment l'appelle-t-on ?

— Il se nomme Belton ; il est renfermé dans la prison de Marshalsea, dans le faubourg de Southwark.

— Je ne connais point cet endroit, mais je le trouverai facilement, et soyez sûre que demain matin je m'y rendrai.

— Ah ! Monsieur, depuis bien longtemps nous n'éprouvons plus les douceurs de l'amitié ; nous n'avons plus d'amis ; notre disgrâce les a fait disparaître. Nous devons votre visite, je le sens, à votre humanité ; mais cet endroit est trop affreux...

— Quelque horreur qu'il inspire, je n'en serai point effrayé si je puis secourir le mérite et la vertu malheureuse.

— Rien en vérité de plus noble que ces sentiments : l'exemple de mon père vous convaincra, Monsieur, qu'un vain étalage de bienfaisance n'est pas toujours la preuve qu'on en sait pratiquer les sublimes préceptes.

Lorsqu'ils eurent gagné la rue, Wills fit approcher une voiture, y plaça Sophie, et paya au cocher sa course. En prenant congé de cette aimable et vertueuse fille, il l'assura de nouveau qu'il lui tiendrait parole.

Le lendemain, inquiet des suites de son aventure, il sortit dès le matin ; mais la crainte d'incommoder M. Belton, par une visite faite à contre-temps, le détourna d'entrer de si bonne heure dans la prison.

Il se serait plutôt permis de manquer à un grand que d'offenser la délicatesse d'un malheureux, en qui la misère nourrit une sensibilité toujours prête à s'alarmer. La compassion lui était si naturelle, il la témoignait d'une manière si noble, que jamais l'indigent près de lui ne fut humilié ; en le soulageant, il paraissait moins accorder que recevoir une grâce.

Wills vit donc enfin arriver l'heure qu'il attendait avec tant d'impatience. Il entra dans la prison. O vous ! qui n'avez jamais peut-être jeté vos regards sur ce séjour d'horreur, de larmes et de misères, si le tableau que j'en vais tracer peut faire retentir dans vos cœurs le cri touchant de l'humanité outragée dans ces sombres demeures, j'aurai reçu le prix de mes peines, je serai satisfait. Connaissez, s'il est possible toutefois qu'ici l'imagination atteigne la réalité, connaissez ce qu'endurent d'opprobres et de douleurs vos frères, vos compatriotes, des hommes en un mot, le plus souvent pour n'avoir pas eu le pouvoir d'acquitter la somme énorme de quarante shellings. Puissent vos yeux n'être jamais témoins de ce spectacle affreux ! Puissiez-vous n'en jamais partager l'aspect révoltant, à moins que, à l'exemple de Wills, vous n'y soyez appelés par l'humanité et la bienfaisance !

A l'une des extrémités de la grande rue vous trouverez une cour sale et dégoûtante. Le fond présente

une porte large et sombre que traverse diamétrale-
ment une énorme barre de fer surmontée d'un
monstrueux cadenas. Le haut du mur est défendu
par un *cheval de frise*, dont les pointes hérissées
forment une barrière insurmontable aux malheureux assez téméraires pour tenter de recouvrer leur
liberté. Près de là, en montant trois degrés, une
porte étroite, également renforcée de chaînes et de
triples serrures, sert d'entrée à la prison. Du seuil
de cette porte vous passez dans une tanière obscure
et puante, qui est le gîte d'une espèce d'animal à
figure humaine qu'on nomme guichetier. Le bruit
horrible des chaînes, le roulement affreux des gonds
et des verrous, tout porte dans l'âme l'effroi, le fris-
sonnement et la terreur ; mais quand enfin vous des-
cendez dans l'intérieur de la prison, quel spectacle,
grand Dieu ! peut-on le supporter ? Des repaires à
peine éclairés renferment des hommes à qui l'on
paraît avoir voulu ôter jusqu'au droit de respirer
l'air. Cet élément si nécessaire, dont on n'oserait
pas disputer l'usage aux plus vils animaux, ici les
hommes n'en jouissent qu'à prix d'argent ; c'est en
raison de la somme que vous payez que l'air est
plus ou moins introduit dans le lieu sombre et puant
que vous habitez. La masse énorme des murs qui
s'élèvent jusqu'aux nues semble toujours prête à
engloutir sous ses débris les malheureuses victimes

qu'ils renferment. Un espace étroit, placé dans le
centre de ce bâtiment, et environné de fortes palis-
sades, est le seul endroit où il soit permis aux prisonniers de prendre pendant quelques instants un
faible exercice. Ce lieu où l'on voit une foule de
spectres errants, pâles, livides, et qui manquent des
premières nécessités de la vie, ce lieu réunit, sous
un point de vue révoltant, tout ce qui peut déchirer
l'âme la plus féroce et lui arracher des larmes. Ainsi
sacrifiés à la haine, à la vengeance, à la cruauté et à
l'avarice, nos concitoyens expirent dans des cachots
à la requête d'un créancier puissant, qui, dans sa
barbare opulence, n'a pas daigné souffrir le moindre
délai, ou supporter la plus faible perte. Ainsi les
tristes jouets des événements et de la misère sont
confondus avec les scélérats, justement voués à la
vengeance publique. O vous qui abusez du pouvoir
de la loi, vous à qui du moins la nature et l'humanité devraient parler plus haut qu'elle, ne mettrez-
vous jamais quelque distinction entre le malheur et
le crime (1) ?

Willis, en contemplant cette scène d'horreur, se

(1) Le lecteur n'oubliera pas que la scène racontée par Berquin
se passe en Angleterre. En France, de nos jours surtout, la po-
sition des détenus pour dettes a été singulièrement améliorée
et nous devons ajouter à la louange des sentiments qui ani
ment notre généreuse nation qu'un débiteur digne d'intéré
rencontre fort rarement un créancier impitoyable. (*Note des
éditeurs.*)

sentit tellement agité et saisi qu'il oublia, dans une
espèce d'anéantissement, et le lieu où il était, et ce
qui l'y avait amené. Ses regards stupides et égarés
erraient de tous côtés; son âme affaissée sous le
poids de la douleur avait perdu toute son activité. Il
s'efforça de recueillir ses sens pour demander la
chambre de M. Belton. Sophie, qui l'attendait, ou-
vrit au premier bruit. Il entra dans un cabinet fort
étroit, que les soins de cette aimable fille entretenaient dans une grande propreté; mais il était absolument nu; on n'y voyait pour meubles que deux
chaises, une petite table et un lit sans rideaux, dans
lequel reposait un vieillard dont le visage portait
encore les sillons que les larmes y avaient tracés.
A ce spectacle, Wills abîmé s'assit en silence sur la
chaise que Sophie lui présenta. Elle alla se placer
près du lit de son père.

— Voilà, lui dit-elle, le gentilhomme qui m'a se-
courue hier, celui à qui vous devez la vie..... Oui,
la vie, ajouta-t-elle en s'adressant à Wills, nous n'a-
vions pas mangé depuis deux jours : tout ce que j'ai
pu faire hier a été de lui procurer un peu de lait,
qui l'a soutenu jusqu'à présent. Wills, à ces mots,
se contenta de gémir, car sa langue était liée. Il
n'avait jamais été témoin d'une si déplorable misère, et ne concevait pas qu'une créature humaine
en pût supporter le fardeau. « Je ne sais, Monsieur,

dit le vieillard d'une voix faible, je ne sais à quel motif attribuer l'honneur de votre visite ; si l'humanité vous a conduit dans ce lieu de désolation, des sentiments si nobles ont droit à mes éloges : votre récompense est en vous-même ; le prix de la vertu c'est de se trouver vertueux : mais si vous êtes venu insulter à ma misère, si vos bienfaits empoisonnés sont le prix de la séduction de cette malheureuse fille, qui n'a de bien que son innocence, retirez-vous, abandonnez-nous à notre malheureuse destinée : nous savons supporter la mort. La foule des mortels la craint ; le malheureux la brave ; c'est le terme de la douleur. »

Wills, bien éloigné de craindre qu'on pût le soupçonner de tant de bassesse, eut bientôt recouvré la parole. Il se justifia avec beaucoup de chaleur. « Excusez, Monsieur, lui répondit le vieillard rassuré : excusez ; je vous ai tenu un langage dur ; j'ai tant souffert, hélas ! de la méchanceté des hommes\ vous m'êtes inconnu ; votre âge, les attraits de ma fille, à peine éteints dans la douleur et dans les larmes..... Que vous dirai-je enfin ! ses vertus qui sont si chères à son malheureux père...... Oui ! ses maux, que j'ai plus sentis que les miens, ses maux ont creusé ma tombe ; mais je crains moins la mort que l'état affreux où je la laisserai quand mon âme s'envolera dans le sein de son auteur. »

Sophie fondait en larmes ; le vieillard en était inondé : Wills ne fut pas maître de retenir les siennes. « Monsieur, dit-il, j'ai été vivement touché du désespoir de votre fille ; je ne suis venu que pour vous offrir mes services : apprenez-moi donc ce que je puis faire ; je n'épargnerai rien, je vous le jure.

— Je vous crois sincère ; mais, sincère ou non, n'importe, vous ne pouvez plus me faire aucun mal ; c'en est fait, je suis parvenu à ce comble de malheur où l'on peut braver la cruauté et l'ingratitude des hommes ; je vais m'efforcer cependant de recueillir mes esprits pour vous détailler mes malheurs, et vous tracer la route qui m'a conduit dans cette honteuse demeure. Puisse mon histoire, Monsieur, instruire votre jeunesse, et vous apprendre à quelles extrémités peut porter la passion, quand on n'écoute plus la raison et l'équité ! Que cette faible condescendance vous prouve au moins combien je suis reconnaissant de la noblesse de vos procédés envers ma malheureuse et chère fille... Hier elle était sortie sans m'en prévenir......... « L'infortune est sacrée pour moi, interrompit Wills. Ce n'est point un mérite, c'est un devoir de la respecter : mais vous êtes faible, le récit de vos maux ne peut que vous altérer ; dans l'état où vous êtes, vous avez besoin de rafraîchissement : oserai-je vous prier de permettre que je dîne avec vous ? il faut précisément que je sorte, je saisirai cet instant pour vous faire préparer des aliments doux et nourrissants.

— Je serai honoré de votre compagnie; mais souffrez que Sophie, qui connaît mieux les chemins, se charge de ce soin.

— Si miss daignait m'indiquer les endroits, j'aurais l'honneur de l'y accompagner.

Sur cela ils sortirent ensemble, et entrèrent dans une auberge voisine, où Wills fit préparer un bon bouillon et d'autres choses propres à un estomac affaibli. Avant d'entrer dans cette maison, il mit cinq guinées dans la main de Sophie.

— Vous pouvez avoir quelques petits besoins; de grâce, point de refus, point de remercîments. J'attendrai ici que notre dîner soit prêt : vous, cependant, retournez à votre père, vous lui êtes utile.

Elle lui obéit, et se pourvut en chemin d'un habillement complet pour son père, afin qu'il parût décemment aux yeux de son nouvel hôte. Celui-ci, à son retour, trouva le vieillard levé et prêt à le recevoir : dans cet état, il paraissait, et à ses manières et à sa physionomie, qu'il n'avait pas toujours essuyé des jours aussi orageux. A l'abord de Wills, il voulut se lever malgré sa faiblesse; son bienfaiteur l. prévint en s'asseyant auprès de lui. Ils s'entretin rent pendant quelque temps de choses indifférentes. M. Belton s'en tira en homme qui connaissait le

mondo; Wills le remarqua. Il eut aussi le loisir
d'examiner plus attentivement l'aimable Sophie, et
trouva que cette beauté, dont son père avait fait
l'éloge, répandait encore quelque éclat sur ses traits,
quelque altérés qu'ils fussent par le chagrin.
M. Belton se trouvant mieux après le repas, commença son histoire.

HISTOIRE DE M. BELTON.

Mon père fut un habile médecin, que ses talents
et son expérience auraient dû conduire à la fortune,
s'il eût été connu; mais, moins heureux qu'estimable, il vécut dans l'obscurité. Quelque ordre,
quelque frugalité qu'il mît dans sa maison, la plus
sage économie ne put augmenter ses revenus. Tout
ce qu'il put faire pour mon éducation fut de m'envoyer dans une école. Dans sa jeunesse il avait eu
des liaisons au collége avec milord Cotswold. Quoiqu'il l'eût perdu de vue depuis longtemps, il résolut, pour contribuer à mon avancement, de lui rendre une visite, et de lui demander sa protection.
Dès qu'il se fit connaître, Milord l'embrassa tendrement, et lui témoigna le zèle le plus empressé à l'o-
bliger. En conséquence, mon père me présenta à

son protecteur. Milord, satisfait de mes réponses, lui proposa de me placer auprès de son fils, qui était beaucoup plus jeune que moi : ce sera une occasion pour lui, dit-il, de s'instruire avec plus de facilité, et j'aurai soin de sa fortune. Mon père reçut cette proposition avec reconnaissance, et peu de jours après je fus admis dans la maison de Milord.

La personne et les manières du jeune lord me plurent infiniment ; nous ne tardâmes pas à lier amitié ; et tant que nous vécûmes ensemble, animés l'un et l'autre d'une noble émulation, nous nous faisions un plaisir de remplir nos devoirs. Nous fûmes enfin séparés : il alla à l'Université, et de là il commença ses voyages. Son père me plaça alors sous la direction de son intendant. « Je ne prétends pas faire de vous un procureur, me dit Milord ; je veux que vous soyez en état de remplacer mon homme d'affaires après sa mort. Vous n'avez qu'à vous mettre au fait de la régie et de l'économie de mes biens ; je compte sur vos soins et sur votre fidélité, parce que je suis persuadé de votre attachement pour moi. » Je l'assurai que je répondrais à ses espérances.

Peu de temps après, mon père mourut, ne me laissant pour héritage que sa bénédiction ; ainsi je demeurais entièrement dépendant de la famille de Milord. Mon exactitude, et les éloges que faisait de moi celui sous lequel je travaillais, augmentaient

chaque jour la bonne volonté de mon protecteur : en
un mot, l'intendant étant mort, on me donna sa
place. Milord eut tout lieu de s'applaudir de mon
intelligence et de mon intégrité.

Dans cette même année, le jeune lord revint de
ses voyages : son amitié ne parut point altérée ; il
se félicita de me voir, par mon emploi, irrévocable-
ment attaché à sa personne. Il honora de sa présence
la cérémonie de mon mariage, et fit de riches présents à mon épouse. Il venait souvent me voir ; il
m'accablait sans cesse de nouvelles preuves de son
affection ; hélas ! je la croyais sincère. Ce jeune seigneur devint, à dix-huit ans, par la mort de son
père, comte de Cotswold. Notre petite Sophie n'avait
alors que deux ans. Confirmé dans mon emploi, je
vis s'ouvrir pour moi la plus flatteuse perspective
d'un bonheur dont je n'ai pas joui. Quinze ans s'é-
coulèrent dans cette parfaite union ; rien ne troublait
notre félicité. De quatre enfants que nous avions
eus, la mort en avait enlevé trois. Sophie était res-
tée seule : ses charmes et ses perfections remplis-
saient nos cœurs de la joie la plus pure. Milord
Cotswold avait épousé une demoiselle très riche,
avec laquelle il ne pouvait vivre heureux. Il passait souvent des semaines entières dans notre maison ; il avait coutume de dire que le faste et la re-
présentation le fatiguaient, et qu'il préférait l'hum-

ble toit où nous coulions sans ambition des jours se-
reins à la pompe de son palais. Bientôt il peignit à
ma femme et à ma fille le déplorable état où le ré-
duisait un mariage inconsidéré ; il trouvait une
espèce de plaisir à les attendrir sur ses peines ; il
était flatté des efforts qu'elles faisaient pour le consoler ; il se plaisait donc à réitérer ses plaintes. Voici
l'époque de mes malheurs.

Un de mes amis, que je croyais honnête, eut besoin de secours pour prévenir sa ruine. Je ne soupçonnais point ses perfides desseins ; je me rendis sa
caution pour quatre cents livres : bientôt je m'en
repentis : il déclara une banqueroute et quitta le
royaume. Il fallut payer la somme pour laquelle je
m'étais engagé : en vérité je ne la possédais pas :
je n'étais point homme à m'enrichir aux dépens de
Milord. La personne à qui cet argent était dû fit va-
loir ses droits : j'étais dans un embarras inexprima-
ble, toute ma fortune ne montait pas à deux cents
livres.

Au milieu du chagrin et du désordre où nous
plongeait cet événement, milord Cotswold vint
nous rendre visite : il fut alarmé du trouble que
laissaient paraître malgré elles ma femme et ma
fille ; il en voulut savoir la cause ; on ne put s'empêcher de l'en informer : « Bon ! n'est-ce que cela ?
dit-il ; c'est une bagatelle. » Il se fit apporter du pa-

pier et de l'encre, et donna une assignation sur son
banquier pour le surplus de la somme. J'étais absent
lorsque cela se passa. En rentrant, je fus surpris de
la joie avec laquelle on m'accueillit ; j'en demandai la
raison ; on me répondit en me montrant le billet de
Milord.

— Cette générosité, dis-je à ma femme, ne m'é-
tonne point ; efforçons-nous de regagner cette somme par notre économie ; mais où est notre bienfaiteur, que je lui fasse mes remercîments ?

— C'est précisément pour les éviter qu'il est sorti.

— J'aurai l'honneur de le voir tôt ou tard.

Il vint, et je le remerciai comme l'exigeait le
service qu'il m'avait rendu. J'offris mon billet.

— Non, Belton, me dit-il ; laissez-m'en seulement
une note.

Je fis néanmoins une reconnaissance de la somme,
payable à sa volonté.

— Cela est bien, dit Milord ; au reste, si vous ve-
niez à mourir, je ne répéterais certainement pas
cette modique somme, et pendant votre vie vous
êtes en sûreté.

Les visites de Milord devinrent plus fréquentes.
Plusieurs présents de valeur qu'il fit à Sophie alar-
mèrent la prudence de sa mère ; elle commença à
s'apercevoir que ses assiduités étaient moins l'effet

de son amitié pour le père que de sa passion pour la fille. Elle me communiqua ses soupçons : je l'examinai donc de plus près, et ses yeux m'apprirent, trop tard, hélas! pour mon repos, le secret de son cœur. Il lançait sur l'innocente Sophie des regards brûlants : un coup d'œil de cet enfant, un mot, un mouvement, rien ne lui échappait. Il déplora avec tant d'art la rigueur de son sort qui l'attachait à une femme qu'il ne pouvait aimer; il peignit son malheur sous des traits si forts et si touchaits, qu'il arrachait des larmes à mon épouse et à ma Sophie. Il espérait, en ouvrant son cœur à la pitié, y donner entrée à d'autres sentiments. Tant qu'il ne fit point d'autres tentatives, on n'avait rien à lui objecter. Cependant les charmes de cette chère enfant s'épanouissaient; c'était l'éclat et la douceur d'une rose naissante. La passion de Milord était à son comble; elle se manifestait dans tous ses discours, dans toutes ses actions. Nous défendîmes à Sophie d'accepter aucun de ses présents. Dès le lendemain il lui offrit une occasion d'exécuter nos ordres. Elle refusa ur esclavage; c'était un cœur entouré d'une chaîne de diamants.

— Quoi! miss Belton, refuserez-vous cette bagatelle?

— Bagatelle, Milord! point du tout; cela est d'un trop grand prix pour qu'il me soit permis d'en faire

usage : ces ornements ne sont point faits pour moi :
je demanderai cependant la permission de les accepter.

— Vous êtes faite pour honorer le plus haut rang :
plût au ciel que vous fussiez lady Cotswold ! je ne
traînerais pas une vie déplorable, vous la rendriez
heureuse. Je vous en supplie, ma chère Sophie, ne
refusez pas un don que je vous ai destiné.

Ma femme, présente à cette conversation, prit la
parole. Elle représenta à Milord qu'il n'avait déjà
que trop épuisé sa générosité sur sa fille ; que des
présents de cette nature, trop multipliés, nuiraient
infailliblement à sa réputation.

— Si elle sort, ajouta-t-elle, de la simplicité
qu'exige sa condition, ce sera une source de propos
injurieux : on élèvera, avec quelque sorte de raison, des doutes sur sa vertu ; c'est le bien le plus
précieux pour elle, il ne doit point être altéré. Ne
m'exposez pas, Milord, je vous en conjure, par une
affection dont les effets seraient funestes, à rougir
des discours insultants qu'on tiendrait sur une fille
qui m'est si chère.

—Ah! vos refus déchirent mon cœur; je mets
tout mon bonheur à la voir embellie de mes dons;
l'éclat de ses yeux surpasse celui du diamant....

— De grâce, Milord, respectez son âge : ces éloges
sont indécents.

— Son éloge est dans mon cœur. Je ne puis le taire, je l'aime. Ce secret est renfermé dans mon sein depuis deux ans. A quels maux, hélas! ne suis-je pas en proie! j'aime sans espoir, et je suis enchaîné à une femme que je hais!

Il se renverse sur sa chaise avec un cri douloureux; la tête penchée dans ses mains, il reste immobile, et presque sans sentiment. Sophie saisit cet instant pour se retirer. Mon épouse reste auprès de lui. Il revient un instant après de cette espèce d'anéantissement: il regarde autour de lui comme un homme égaré; il demande où est Sophie.

— Dans sa chambre, Milord.

— Je ne la verrai donc plus! elle ne m'aimera jamais! le désespoir, je le sens, m'ôtera la raison. Oh! madame Belton (en se jetant aux genoux de ma femme et prenant sa main), oh! madame Belton, ayez quelque pitié de moi!

— Levez-vous, Milord; au nom de Dieu, levez-vous, reprenez vos sens. Que puis-je faire? qu'exigez-vous?

— Eh! le sais-je? le trouble égare mes esprits.

Il sortit à ces mots, et ce fut le dernier effort de sa raison sur sa malheureuse passion. J'étais absent lors de cette scène. J'appris toutes ces circonstances à mon retour, et je prévis tous les malheurs qui nous menaçaient.

Il revint à l'ordinaire. Réfléchissant aux droits multipliés qu'il avait sur ma reconnaissance, considérant d'ailleurs qu'il serait toujours temps de le faire rentrer dans de justes bornes, je feignis d'ignorer ce qui s'était passé. Sophie se conduisit comme de coutume ; nous espérions que le temps et la réflexion le guériraient enfin : nous nous trompions. La liberté de voir ma fille, loin d'éteindre sa passion, lui donna de nouvelles forces. Il me dit un jour qu'il voulait m'entretenir tête à tête ; nous montâmes dans sa voiture, et nous nous rendîmes à une auberge voisine. Il ne fut question de rien pendant le dîner ; mais ayant pris du courage dans les fréquentes libations d'un excellent vin, il osa me parler de sa coupable passion. « Je l'adore, me dit-il ; ma vie dépend de vous, cher Belton ! consentez qu'un mariage secret l'attache à ma fortune. Exigez toutes les sûretés qui dépendent de moi. Si la mort m'arrachait de ses bras avant que lady Cotswold mourût, je lui laisserais de mes biens tout ce dont je pourrais disposer ; si je lui survis, Sophie est à l'instant déclarée mon épouse légitime. »

A ce discours, mon sang se glaça dans mes veines. « Oh ! Milord, m'écriai-je, oublierez-vous, tyrannisé par une malheureuse passion, oublierez-vous l'honneur, la raison ? méconnaîtrez-vous les devoirs les plus saints ? Quelle odieuse proposition osez-vous faire? Et à qui? au père le plus tendre, pour qui sa fille est le bien le plus précieux!

— Considérez, dit-il en m'interrompant, que sa fortune passera vos plus hautes espérances.

— A quel prix, Milord? son innocence, sa réputation flétrie, regardée comme le vil objet d'un commerce adultère : l'opprobre retombera sur moi; père infâme et détesté, je passerai pour avoir indignement prostitué l'honneur de ma fille et le mien. Le voilà! dira-t-on, si toutefois j'ose encore me montrer; et je serai anéanti par le regard de l'honnête homme.... Et c'est vous, Milord, qui aurez condamné à cette ignominie un père infortuné!

Il serait impossible de rapporter ici toute notre conversation; pleurs, imprécations, prières, promesses, menaces, Milord employa tout. Convaincu enfin qu'il ne pourrait me séduire, il se réduisit à demander la permission de voir Sophie comme à l'ordinaire.

— Ce n'est pas possible, Milord, après l'indigne confidence que vous m'avez faite. Je vous dois tout, reprenez vos bienfaits; vous pouvez détruire votre ouvrage, je ne m'en plaindrai pas; mais mon honneur est mon bien, ma probité est à moi; je ne souffrirai jamais qu'on altère l'un ni qu'on soupçonne l'autre. Je vois en vous mon protecteur; en cette qualité, ma maison vous est ouverte; mais trouvez bon que j'éloigne ma fille ; sa vue ne peut que vous être funeste, puisqu'elle vous fait oublier et ce que vous vous devez à vous-même, et ce que vous devez aux autres.

— Votre perte, Belton, s'écria-t-il, la rage dans le cœur et la fureur dans les yeux, oui, votre perte m'en répondra.

— Ma vie n'est rien, si son honneur en dépend. Oui, je l'éloignerai ; elle trouvera des protecteurs, Milord, qui connaîtront ce qu'on doit à l'innocence et à la vertu.

Je le quittai. Comme nous ne demeurions qu'à une petite distance de Londres, je priai ma femme, à qui je redis notre conversation, d'envoyer Sophie chez une amie jusqu'à ce que l'orage fût dissipé. J'attendis impatiemment l'effet que ferait l'absence de ma fille sur l'esprit de Milord. Il vint le lendemain, et m'abordant avec un visage abattu :

— Quoi ! Belton, vous avez donc eu la cruauté de m'ôter jusqu'au plaisir de voir l'intéressante Sophie ?

— Je suis père, Milord ; j'en ai rempli les devoirs.

— Tu veux ma perte, barbare ! je me vengerai de tant d'outrages.

Persuadé que les représentations seraient vaines, il ne me restait plus qu'à braver l'orage.

— Avant de partir, Milord, ma fille m'a chargé

de vous rendre ces bijoux par lesquels vous vouliez séduire sa vertu, et dont son innocence devait
être le prix.

— Cela est faux! non, l'enfer n'inventa jamais de
si odieuses noirceurs! C'est toi qui l'as contrainte à
cette nouvelle insulte : qu'ils soient brisés à l'instant ; et puissé-je en faire autant de toi !.... Mais
non, elle les a portés, ils sont d'un prix infini, je les
garderai. Il les examina pendant quelques moments.

— Quant à vous, Monsieur, vous n'avez plus
d'emploi ; j'ai quelqu'un qui vous remplace aujourd'hui.

— Il suffit, Milord ; puisse-t-on vous servir aussi
fidèlement que moi !

Il sortit sans répondre.

Je scellai les papiers qui me concernaient ; je mis
ordre à ceux qui avaient rapport aux affaires de
Milord, et je vins à Londres auprès de ma fille : ses
larmes coulèrent au récit de mon malheur, qu'elle
s'imputait. Le lendemain, mon épouse accablée vint
m'apprendre que celui qui me remplaçait avait saisi
ma maison, mes effets ; que rien en un mot n'était
échappé à notre désastre. Ce dernier revers m'affecta
d'autant plus qu'il me convainquit que ma ruine
était résolue. Je devais, à la vérité, à Milord plusieurs années d'arrérages pour la somme qu'il m'avait
prêtée ; mais la petite maison que j'habitais était un

don, et je ne le croyais pas assez lâche pour la reprendre. Dans cette déplorable situation, je ne savais où jeter les yeux pour soutenir ma malheureuse famille. Je sortais un soir dans le dessein d'y réfléchir; je n'étais encore qu'à dix ou douze pas de la maison : un homme m'aborda, et me frappant sur l'épaule :

— Monsieur, dit-il, ne vous nommez-vous pas Belton?

— Oui, Monsieur; qu'y a-t-il pour votre service?

— J'ai un ordre contre vous, à la requête du noble Cotswold, pour deux cents livres et les intérêts; il faut me suivre.

Arrivé à sa maison, j'informai ma femme par un billet de cet événement. Je n'entreprendrai point de vous peindre, dans l'épuisement affreux où je suis actuellement, toutes les agitations que j'éprouvai alors : il vous suffira d'apprendre que milord Cotswold me tient depuis trois ans enchaîné dans cette horrible demeure; il y en a deux que ma femme a succombé à la douleur; elle est morte. Hélas! elle est heureuse : rien ne peut désormais altérer son bonheur, tandis que nos jours s'écoulent dans l'amertume et dans les pleurs.

Lorsque Milord jugea que la misère devait avoir abattu mon âme, je reçus la visite d'un agent de ses infâmes plaisirs. Aux premiers mots je devinai le

motif qui l'amenait ; je le reçus de manière que je
doute qu'il ose reparaître. Nous avons en vain solli-
cité nos amis : le malheur est une épreuve à laquelle
l'amitié résiste rarement. Hélas ! Monsieur, je ne
serais plus si votre âme n'eût été ouverte aux doux
sentiments de l'humanité. J'ignore quel heureux
hasard vous a présenté ma fille, et par quel motif
elle m'avait abandonné.

— Ah ! mon père, n'y pensez pas ; je voudrais
me le cacher à moi-même, quoique je doive à mon
désespoir le bonheur de connaître Monsieur. Oh !
pouvais-je vous voir expirer dévoré par la faim !...

— Consolez-vous, Mademoiselle, reprit Wills, vous
devez vous promettre désormais des jours plus sereins.
Dites-moi, Monsieur, où demeure milord Cotswold ?

— Dans la rue de....

— Ne lui avez-vous jamais fait des propositions
depuis votre emprisonnement ?

— Aucune ; la seule qu'il voudrait accepter, je
suis incapable de la faire.

— Savez-vous, mon cher Monsieur, si son cœur
n'est pas changé ? Sa passion peut être éteinte ; je le
verrai demain ; j'espère qu'il vous accordera la liberté sur votre parole.

— Gardez-vous, Monsieur, de vous trop avancer ;
je n'accepterai jamais ce qui répugnera à l'honneur
et à l'équité.

Wills l'assura qu'il connaissait comme lui les lois de l'honneur, et qu'elles lui étaient chères. Monsieur Belton consentit donc qu'il vît Milord, et qu'il parlât en sa faveur.

Toutes ces choses réglées, Sophie prépara le thé, pendant que Wills s'informait de la police des prisons.

— Celle-ci, lui dit Belton, est habitée par d'honnêtes malheureux dignes de compassion, et par des scélérats que le crime y a conduits. Quelque vertueux qu'on soit en y entrant, il est difficile d'échapper à la contagion; la nécessité de fréquenter des hommes corrompus et souillés de crimes, tels qu'ils sont ici pour la plupart, entraîne communément le danger de l'exemple. C'est ici que se réunissent, comme en un foyer, les ressorts secrets des scélératesses et des forfaits épars dans la ville et dans la province. L'homme flétri par la misère, avili dans les fers, séparé de la société, dont l'estime ne peut plus lui être utile, secoue bientôt le joug de la décence; sa réputation ne lui paraît plus mériter des sacrifices qui seraient infructueux; persuadé qu'il n'a rien à craindre de pis que ce qu'il éprouve, il se livre à l'appât du brigandage, d'autant plus dangereux pour lui qu'il peut s'y livrer impunément. Il en est même d'assez vils pour abuser de la détresse des compagnons de leur misère. Une prison est, en

un mot, l'école de la friponnerie. Dans les horreurs
d'une nécessité urgente, on croit pouvoir se permettre des actions dont la seule idée ferait frémir dans
des circonstances moins cruelles.

— Quelle source de remords, dit Wills, pour l'auteur de tant de cruautés! Je ne veux pas vous fati-
guer davantage, monsieur Bolton : je vous reverrai
demain matin, et j'espère qu'une heureuse révolution
vous fera bientôt oublier les maux dont le sort vous
accable dans cet odieux séjour.

— Ah! monsieur Wills, c'est trop de confiance.
Puissiez-vous ne pas éprouver vous-même des désa-
gréments de la part de mon persécuteur!

— J'en veux courir les risques, répliqua Wills; et
il sortit.

Jusqu'au moment où Wills pouvait se faire annoncer chez milord Cotswold, il s'occupa à réfléchir sur
la manière dont il lui parlerait. Devait-il s'efforcer
d'exciter sa compassion par des images vives et pa-
thétiques? Préférera-t-il la voix du raisonnement pour
le convaincre de l'injustice de ses persécutions? Il
demeure indécis, et laisse aux circonstances le soin
de déterminer le ton qu'il prendra.

Il arrive à l'hôtel de Milord; le portier lui ayant
dit qu'il était visible, il se fit annoncer : on l'intro-
duisit dans l'appartement, sous le titre d'inconnu.
Milord était heureusement seul; il le reçut avec po-

litesse, et l'invita à profiter du déjeuner qu'on venait
de servir. Wills s'excusa ; après quoi, interrogé sur
le motif de sa visite :

— Je viens, Milord, implorer votre charité en faveur d'un vieillard courbé sous le faix des ans et de
l'infortune ; près d'y succomber, il sollicite avec confiance votre compassion.

— Vous me présentez là, Monsieur, une singulière
requête ; je n'ai point le plaisir de vous connaître.
encore moins peut-être celui dont vous me peignez
la misère : qui m'assurera qu'il mérite qu'on s'intéresse à son sort ?

— Moi, Milord. Il ne doit point être confondu
avec ces vils mendiants dont la foule assiége votre
passage dans les rues, et qui feignent le plus souvent des peines imaginaires ; ses malheurs sont
réels.

— Mais, Monsieur, de grâce, son nom ? lui suis-je
connu ?

— Oui, sans doute, Milord ; on le nomme Belton

—Belton ! s'écria-t-il en reculant ; et qu'avez-vou
à me dire de sa part, Monsieur ?

— Que le cœur se refuse au récit des maux dont
il est accablé ; qu'ils révoltent l'humanité, et qu'il y
aurait même de la barbarie à les retracer. Il traîne
des jours détestés dans un lieu dégoûtant et terrible,
même pour le désespoir. Epuisé par le besoin, dé-

voré par la maladie, son corps offre à peine encore quelques traces effrayantes de l'humanité près de s'éteindre. Sa fille, hélas ! sa fille trop chérie, partage tous les maux de son père expirant : ce n'est plus un objet de désir, c'est la victime de l'indigence et du malheur ; pâle, décharnée, le tombeau s'ouvre pour elle, la misère l'y précipite ; déjà sa mère y a succombé. Oh ! Milord, votre cœur est-il inaccessible à la compassion ? C'est en leur nom que je vous implore ; si le ressentiment vous anime encore contre ce père infortuné, venez contempler vos victimes, vous ne résisterez point à ce spectacle affreux... Soyez juste enfin, Milord ! qu'une action généreuse lui fasse perdre jusqu'au souvenir des maux dont vous fûtes la cause ; et puissiez-vous aussi les oublier vous-même, Milord ! puisse cette réparation nécessaire vous dérober aux remords qui doivent vous déchirer.

— Mais qui êtes-vous, Monsieur ? de quel droit osez-vous me donner de pareilles leçons ?

— Un homme. Ce titre suffit, je pense, pour autoriser ma démarche ; l'humanité m'en faisait un devoir, la compassion m'y invitait. Ces sentiments ne sont qu'assoupis dans votre âme, Milord ; ils ne peuvent être éteints ; non, il n'est point de cœur assez barbare pour résister aux horreurs dont je viens d'être témoin.

— Vous vous trompez, Monsieur, répliqua le lord
en grimaçant et prenant une prise de tabac, vous
vous trompez ; j'ai le cœur dur, je vous le proteste ;
mais êtes-vous informé que ce vieux misérable me
doit deux cents livres? ajoutez les intérêts de quatre
années, et les frais de son emprisonnement. Monsieur pense-t-il que je doive faire le sacrifice de cette
somme, d'un argent que j'ai fourni bien comptant?

— N'en doutez pas, Milord! je croirais être le plus
vil des hommes si je balançais un moment. La vie
d'un malheureux peut-elle entrer en parallèle avec
un si faible sacrifice? S'il succombe, que deviendra
sa fille infortunée? Elle le suivra; oui! elle ne
pourra jamais lui survivre.

— Non, non! elle n'en mourra pas ; elle sera tout
au plus dans l'heureuse contrainte de revenir à
moi.

— Point du tout, Milord ; si elle eût été assez lâche pour s'y soumettre, elle se serait épargné trois
ans de misère, et la dette serait acquittée.

— Elle l'aurait pu, sans doute; mais il n'est plus
temps. Je soupçonne même que vous venez ici m'é-
prouver, et me faire des propositions de sa part ;
mais assurez-la qu'elles ne sont plus de saison.

— Quoi! Milord, de quel infâme emploi osez-vous
soupçonner un homme qui vous est inconnu? Vous

parais-je fait pour marchander ici l'honneur et l'innocence de cette fille infortunée?

— Je n'en suis pas sûr, l'ami ; mais cela est tout au moins vraisemblable. Au reste, si la demoiselle se livrait sans répugnance, si le cœur entrait pour quelque chose dans le marché, je ne sais pas jusqu'à quel point je serais tenté. La friponne a été jolie, mais très jolie.

— Cette raillerie insolente, Milord, est un outrage auquel je ne suis point accoutumé. Votre maison est heureusement pour vous un asile que je respecte; car votre rang, que vous déshonorez, ne vous assurerait pas l'impunité.

— Ah! ah! vous êtes son bretteur, son champion; je ne soupçonnais pas qu'elle eût déjà fait dans le métier des progrès aussi rapides.

— Un jour peut-être vous apprendrez qui je suis, Milord, dit Wills en se levant ; sachez du moins que, plus que vous, j'estime l'honneur, et que je n'ai point à rougir des crimes, des bassesses dont, je suis fâché de le dire, vous paraissez vous faire un jeu. Au reste, Milord, je n'oublierai point les circonstances de cette scène, et je pourrai un jour saisir le lieu et le temps de vous répondre de manière que, à votre tour, vous connaîtrez la supériorité d'un brave homme qui repousse l'insulte sur un lâche qui la fait. Ce fut ainsi qu'il prit congé. Milord le vit partir avec plaisir : sa

3

visite était importune; ses reproches étaient embar-
rassants. La liberté choquante de ses propos avait
déconcerté sa grandeur.

Wills ne s'était réellement point attendu à cette
réception; il en était confondu. Ce qui redoublait
encore son chagrin, c'était la cruelle nécessité d'af-
fliger, par le récit des nouvelles insultes de milord
Cotswold, le cœur du trop malheureux Belton. Il
était déjà à la porte de la prison, incertain encore du
parti qu'il prendrait; enfin, convaincu qu'il faudrait
tôt ou tard leur apprendre le résultat de son entretien, et que, après tout, l'incertitude ajouterait à
leurs tourments, il entra. Le père et la fille l'attendaient avec impatience, également partagés entre
la crainte et l'espérance. Wills portait, malgré lui,
sur son visage, l'empreinte du chagrin et de l'indignation. Après les premiers compliments, Belton
s'empressa de lui demander s'il avait vu le lord.

—Je lis dans vos yeux que vous lui avez parlé,
et qu'il vous a mal reçu.

—Hélas! vous ne devinez que trop juste; il est
inexorable.

—Ah! je l'ai prévu; son cœur est inaccessible à la
pitié. Il ne me reste plus qu'à supporter mon malheur avec fermeté; j'apprends depuis longtemps à
souffrir; c'est une leçon bien dure, monsieur Wills.
Accordez de grâce à la curiosité d'un vieillard le ré-

cit de ce qui s'est passé. Wills lui fit en abrégé le tableau de la scène, en omettant toutefois les particularités les plus aggravantes. Belton gardait le silence; Sophie fondait en pleurs.

—Oh ! ciel ! s'écria-t-elle, partagée entre l'honneur et mon père, faut-il payer de ma honte sa liberté !

— Plutôt ma mort ! elle n'est pas éloignée, répliqua ce malheureux père. Je laisserai au ciel le soin de protéger la vertu, et de récompenser votre bienfaisance, Monsieur.

Wills n'épargna rien pour leur rendre l'espérance ; il les assura de nouveau que de meilleurs jours leur étaient réservés.

L'espérance est une menteuse qui flatte et séduit les malheureux; c'est une coquette dont ils éprouvent chaque jour les perfidies, et qui n'en captive pas moins leur confiance. Ainsi Belton et sa fille, contre qui la raison et les probabilités semblaient se réunir, ne pouvaient se refuser au plaisir d'envisager un avenir plus heureux, tel que le promettait leur consolateur. Combien on se plaît dans la compagnie d'un homme qui flatte avec complaisance nos désirs et nos projets ! Wills, résolu de concourir lui-même à la révolution qu'il annonçait, appuyait fortement sur ses promesses, et préparait ainsi l'âme de Belton à un événement dont la nouvelle trop subite ne pouvait qu'être dangereuse. Quelque impossible

que parût la chose, elle ne laissa pas d'adoucir pour
un moment leur chagrin; ils pressèrent Wills de partager le frugal repas que Sophie venait d'apprêter;
il y consentit. Comme il prenait congé après dîner :

— Eh bien! Monsieur, dit Belton, aurons-nous le
bonheur de vous revoir? Ce lieu, je l'avoue, n'a rien
que d'effrayant; mais vous pourrez vous y accou-
tumer.

— Je ne crois pas que vous l'habitiez encore longtemps.

Sorti de la prison, Wills entra dans le premier
café : il demanda les papiers publics; il parcourut
la liste de ceux qui faisaient annoncer qu'ils prê-
taient de l'argent à médiocre intérêt. Il en choisit
trois ou quatre. Le premier à qui il se présenta agréa
ses sûretés, mais il exigeait d'énormes intérêts; il en
vit d'autres, et ce fut la même chose. « Ces fripons,
dit-il, fournissent aux malheureux des ressources
ruineuses, et vivent de leurs dépouilles. Qu'il est dur
d'être contraint de s'adresser à eux ! » Il en rencon-
tra un qui, sous un air de candeur et d'honnêteté, ca-
chait une âme pour le moins aussi avide que celle de
ses autres confrères. Wills demanda quatre cents livres; on les lui compta sur l'hypothèque de ses biens;
mais les droits de courtage, la prime et les autres
frais acquittés, il reçut un peu plus de trois cents
cinquante livres.

Muni de cet argent, il vole chez le procureur chargé du billet de Belton ; il lui demande s'il ne sert pas le lord Cotswold dans cette affaire.

— Oui, Monsieur.

— Avez-vous le billet de son débiteur ?

— Oui.

— Je vous en apporte le montant : votre décharge, s'il vous plaît ; il faut qu'il soit libre aujourd'hui.

— Savez-vous, répliqua le digne suppôt de Thémis, que la somme principale se monte à deux cents livres ? qu'il y a cinq ans d'arrérages, ce qui fait cinquante livres ? ajoutez vingt livres pour les frais..... somme totale, deux cent soixante et dix livres.

— Votre décharge, Monsieur, je paie.

— Dites-moi, Monsieur, êtes-vous parent de M. Belton ?

— Non... et d'ailleurs, que vous importe ?

— Oui, certes, cela m'intéresse. Milord sera charmé de connaître la personne qui acquitte le billet. Il prétend que M. Belton n'a ni amis ni parents ; qu'il a été élevé par charité dans la maison de son père ; que par conséquent il doit croupir en prison.

— Cela fait en vérité l'éloge de son cœur ; mais il n'aura point la satisfaction de me connaître : M. Belton ignore lui-même ce qui se passe.

— Tout de bon ! cela est admirable. Peut-être sa fille...

— Halte-là, Monsieur! gardez-vous de vous oublier en parlant de cette jeune personne. Allons, dépêchons, écrivez votre décharge : principal, frais, intérêts, je paie tout. Si vous refusez...

— Non, non, Monsieur, ce n'est pas mon intention.

— Il faut de plus une quittance de la main de Milord, et dans les formes requises.

— Il n'est pas nécessaire.

— Je veux l'avoir; vous me donnerez aussi un reçu de cet argent, et ce reçu, promettez-moi de le faire tel que je l'exigerai.

— Bien, Monsieur, vous l'aurez.

Wills n'eut pas plus tôt reçu la décharge qu'il vola à la prison. Il avait préparé Sophie et son père à cette visite par un billet qu'il leur avait écrit le matin ; il les invitait à dîner avec lui dans une auberge dont il leur donnait le nom. C'était un mystère pour eux; persuadés que Wills ne pouvait les tromper, ils s'attendaient à quelque chose d'extraordinaire, sans prévoir néanmoins ce que ce pouvait être. Wills remit la décharge au geôlier, paya ses droits, et courut à l'endroit où il était impatiemment attendu.

— Eh bien! M. Belton, avez-vous reçu mon billet?

— Oui, Monsieur ; mais qu'en dois-je croire ?

— Rien n'est plus vrai, vous êtes libre. J'y avais

trop d'intérêt pour ne pas en hâter le moment. Allons, une voiture nous attend à la porte, nous irons prendre ensemble un bon dîner.

— Je n'hésite point à vous croire ; vous ne voudriez pas me donner une fausse joie. Je vous suis.
Sophie allait après eux, gardant un profond silence.
Quand enfin elle eut vu son père hors du seuil de cette funeste maison, dont la mort seule lui paraissait devoir le délivrer, des pleurs de joie inondèrent ses joues; elle était transportée. Wills les fit monter dans la voiture, qui les conduisit à quelque distance de la ville, dans une auberge où ils étaient attendus.
Pendant quelque temps on garda de part et d'autre un profond silence, suite naturelle de l'étonnement.
Le bon vieillard s'écria enfin : « J'ai peine, hélas !
à en croire mes sens ; ceci renferme un mystère que M. Wills peut seul éclaircir.

— Je ne vous satisferai qu'après dîner.

— A la bonne heure : mais ce temps paraîtra bien long à mon impatience. »

Le dîner fini, Wills saisit l'instant de rendre à M. Belton son billet, et le convainquit ainsi qu'il était réellement libre. On tenterait en vain d'exprimer l'excès de leur joie ! Le vieillard était dans les bras de son bienfaiteur, et l'accablait de remercîments; Sophie exprimait sa reconnaissance par ses pleurs et son silence. Si la modestie le lui eût permis, avec quel plaisir elle aurait prodigué à l'honnête Wills les caresses et les embrassements dont elle était témoin ! Elle ne pouvait se refuser aux tendres sentiments que méritait à tant de titres leur généreux libérateur. Si jamais, en effet, Wills parut aimable, ce fut sans doute dans ce moment glorieux pour lui, où, semblable aux puissances célestes, il rendait le repos aux affligés, la santé aux malades, et la liberté aux prisonniers. Il ne s'opposa point d'abord aux tendres épanchements de leur cœur, il y aurait eu trop d'affectation dans ce procédé ; mais craignant l'effet de cette émotion, si elle était prolongée, il fit tomber adroitement la conversation sur un autre sujet.

Il les conduisit le soir dans un petit logement propre et commode qu'il leur avait fait préparer; après leur avoir promis de revenir le lendemain, il les laissa dans l'étonnement d'une révolution aussi agréable qu'imprévue, et dont ils sentaient trop le prix pour n'être pas justement pénétrés de toute l'étendue de leurs obligations.

Wills, comme il l'avait promis, leur apporta la quittance de lord Cotswold. La pudeur et le plaisir colorèrent les joues de Sophie : Wills rendait justice à ses charmes, mais la tranquillité de son cœur n'en fut point altérée. Belton le regardait comme son fils. Ils consultèrent ensemble sur les moyens qu'il prendrait pour subvenir à sa subsistance et à celle de sa fille. Divers projets proposés parurent impraticables : au reste, il avait le temps d'y réfléchir ; le loyer de l'appartement qu'il occupait était payé pour un mois. Il résolut enfin d'écrire à un de ses parents qui jouissait d'une fortune considérable dans une province éloignée de l'Angleterre, et de lui offrir ses services en qualité d'intendant.

Wills, approuvant ce projet, remit au vieillard un billet de trente livres pour ses besoins, jusqu'à ce qu'il eût reçu une réponse. Il les quitta très satisfait, après leur avoir néanmoins recommandé expressément le secret sur ce qui s'était passé.

LES AVANTAGES DE LA MÉDIOCRITÉ.

Je suis né en France, d'une famille assez médiocre, et de parents qui, pour tout héritage, ne me laissèrent que des exemples de vertu à suivre. Mon père, par sa conduite, était parvenu à des emplois qu'il exerça avec beaucoup d'honneur, et qui avaient déjà rendu sa fortune assez brillante, quand une longue maladie, qui le rendit très infirme, l'obligea de les quitter dans un âge peu avancé.

A peine s'en fut-il défait, qu'une banqueroute subite lui enleva les deux tiers de ce qu'il avait acquis;
il ne lui resta pour toute ressource qu'un bien de campagne d'un très modique rapport, où il alla vivre,
ou plutôt languir, avec sa petite famille, composée
de ma mère, de ma sœur qui avait dix-sept-ans, de
moi qui en avais près de seize, et qui sortais de mes
classes.

Ma mère, qui avait une extrême tendresse pour ses
enfants, et qui les voyait pauvres, soutint d'abord
notre malheur avec moins de force que mon père.
Toute vertueuse qu'elle était, son esprit parut entièrement succomber sous le coup qui venait de nous
frapper. Dès qu'elle fut à la campagne, la grande
économie qu'il fallait y garder pour vivre; le retran-
chement total de mille petites délicatesses qu'elle
nous avait laissé prendre, et dont elle nous voyait
privés; le chagrin de voir ses enfants devenus ses
domestiques, et changés, pour ainsi dire, en valets
de campagne; enfin je ne sais quelle tristesse muette
et honteuse qu'elle voyait en nous, que la misère
peint sur le visage des honnêtes gens qu'elle humilie,
et qui fait plus de peine à voir aux personnes qui ont
du sentiment que la douleur la plus déclarée, tout
cela jetait ma mère dans une affliction dont elle n'é-
tait pas la maîtresse. Elle ne pouvait nous regarder
sans pleurer; mon père qui l'aimait, et à qui nous

étions chers, s'enfuyait quelquefois à ses pleurs, et quelquefois ne pouvait, à son tour, s'empêcher de joindre ses larmes aux siennes.

Un jour que je revenais sur le soir de cueillir quelques fruits dans un petit verger que nous avions, je surpris mon père et ma mère qui se parlaient auprès de notre maison, et je les écoutai à la faveur d'une haie qui me couvrait. J'entendis que ma mère soupirait, et que mon père s'efforçait de calmer sa douleur.

« Dans les premiers jours de notre infortune, lui disait-il, je n'ai point condamné l'excès de votre affliction. Vous vous y êtes abandonnée, je ne vous ai rien dit; il n'est pas étonnant que la raison plie d'abord sous de certains revers : les mouvements naturels doivent avoir leur cours; mais on se retrouve après cela, on revient à soi-même, on s'apaise, et vous ne vous apaisez point. J'ai dévoré mes chagrins autant que j'ai pu, de peur d'augmenter les vôtres. Pour vous, vous ne me ménagez point; vous m'accablez, vous me faites mourir, et vous ne vous en souciez pas. J'aime nos enfants autant que vous les aimez : j'ai été aussi sensible que vous au malheur qui leur ôte ce que j'espérais leur laisser. D'ailleurs je suis infirme; suivant toute apparence, vous me survivrez, vous serez à plaindre, et vous aurez de la peine à vivre. Que croyez-vous qu'il se passe dans

mon cœur, quand j'envisage tout ce que je vous dis
là ? Depuis trente ans que je vis avec vous dans une
si grande union, n'ai-je pas appris à m'intéresser à
ce qui vous regarde? N'avez-vous pas eu le temps de
me devenir chère ? Mes chagrins, tels qu'ils sont, ne
me suffisent-ils pas ? voulez-vous toujours en redou-
bler l'amertume ? Mes forces diminuent tous les jours,
la fin de ma vie n'est que trop persécutée, ne contri-
buez point à la rendre plus triste. Vous avez toujours
eu de la religion, j'espérais que vous me consoleriez,
que nous nous consolerions l'un l'autre : mais tout
me manque à la fois. Dieu veut apparemment que je
meure environné de trouble et de désolation. Il m'a
ôté mes biens, ma santé, et vous m'ôtez la satisfaction de vous voir soumise à sa volonté. C'est là le
seul bien qui pouvait me rester, la seule paix que
mon cœur pouvait goûter ; votre vertu me la promettait, mais tout m'est refusé. Il faut que l'affliction me suive jusqu'au tombeau, et que Dieu m'é-
prouve jusqu'au dernier moment de ma vie. »

Je n'entendis, après ces mots, qu'un mélange con-
fus de soupirs qui me glacèrent le cœur ; ensuite ils
recommencèrent à se parler, mais très bas, et comme
en se promenant; ce qui me fit perdre ce qu'ils disaient. J'allais donc me retirer, quand mon père,
haussant un peu plus la voix, s'arrêta.

« Ne vous embarrassez point de nos enfants, dit-il;

mon fils a des sentiments d'honneur, et sa sœur est
née vertueuse : ne songeons qu'à cultiver ces heureuse dispositions. Depuis le malheur qui nous est
arrivé, j'ai découvert en eux un caractère qui me
charme. Ils vous ont vue pleurer pour le peu de fortune que nous leur laisserons; ils m'en ont vu affligé
moi-même. Vos pleurs et mes chagrins ne sont pas
demeurés sans reconnaissance : leur cœur y a répondu, et notre affliction pour eux a réchauffé leur
tendresse pour nous : je l'ai remarqué dans mille petites choses, et je vous avoue que cela me donne une
grande idée d'eux. Mettons à profit cet attendrisse-
ment où notre attachement les a mis pour nous.
Voici l'instant de leur donner des leçons : jamais leur
cœur n'y sera plus docile. Ils sont infortunés et
attendris ; il n'y a point de situation plus amie de la
vertu que celle où ils se trouvent. »

Mon père et ma mère, après s'être encore entrete-
nus quelque temps, rentrèrent dans la maison; je
m'y retirais moi-même, quand je rencontrai ma sœur
qui venait d'un autre côté; comme elle me vit fort
triste, elle me demanda ce que j'avais. « Hélas! ma
sœur, lui répondis-je la larme à l'œil, si vous saviez la conversation que je viens d'entendre entre
mon père et ma mère, sur notre chapitre, vous seriez aussi affligée que moi; je n'étais pas loin d'eùx,
ils ne me voyaient point : ma mère est toujours au

désespoir de nous voir ruinés ; elle nous aime trop,
nous serons la cause de sa mort ; mon père n'oublie
rien pour la consoler, et je sens bien qu'il aurait besoin de consolation lui-même ; vous savez qu'il n'a
point de santé ; ma mère, depuis quelque temps, est
toujours malade ; nous les perdrons peut-être tous
deux, ma sœur ; ils ne peuvent pas y résister ; et où
en serions-nous après ? Que ferions-nous au monde
s'ils n'y étaient plus ? De quel côté nous tourner ? Qui
est-ce qui nous aimera autant qu'ils nous aiment ?
Est-ce que nous pourrions vivre sans les voir, nous
qui n'avons qu'eux, nous qui n'aimons qu'eux ? Aussi,
ma sœur, je vous l'avoue, j'aimerais mieux mourir
que de nous voir abandonnés comme nous le serions.

« Nous n'y sommes pas encore, me répondit-elle
avec amitié (car nous étions très tendrement unis) ;
ne vous mettez point des choses si funestes dans l'esprit : surtout, mon frère, n'allez point pleurer devant eux ; prenez-y garde, vous les chagrineriez encore davantage : tâchons au contraire de leur paraître gais ; peut-être que cela diminuera l'affliction où
ils sont : puisqu'ils nous aiment tant, ils méritent
bien que nous fassions pour eux tout ce que nous
pourrons. »

Mon père, qui, au bruit que nous faisions, s'était
arrêté sur le pas de la porte, s'approcha doucement
dans l'obscurité, et entendit aisément tout ce que

nous disions; son cœur n'y put tenir, il vint à nous, pénétré de tendresse. « Ah ! mes enfants, que vous êtes aimables ! nous dit-il en nous serrant entre ses bras, et que vous méritez bien vous-mêmes toute l'inquiétude que vous m'avez donnée jusqu'ici ! Venez, suivez-moi, ajouta-t-il en nous prenant par la main; allons dire à votre mère ce que je sais de vous; venez lui payer ses larmes ; je la connais, quel bonheur pour elle ! quelle récompense de sa douleur, quelle mère eut jamais plus de grâces à rendre au ciel ! »

Mon père continuait toujours à nous parler, quand il entra avec nous dans une salle où était ma mère qui lisait. « Quittez votre lecture, lui dit-il; je viens vous apprendre qu'il n'y a plus d'affliction ni pour vous ni pour moi. Embrassez vos enfants; jamais père ni mère n'en ont eu de plus dignes de leur tendresse : ne les plaignez plus, réjouissez-vous; nous nous trompions, nous avions du chagrin pour eux, et il ne leur est point arrivé de vrai malheur : rien ne leur manque, ma chère femme; ils ont de la vertu, je viens d'en être convaincu, je les écoutais sans qu'ils le sussent. Votre fille disait tout-à-l'heure à son frère qui pleurait que, puisque nous les aimions tant, nous méritions bien qu'ils s'efforçassent d'adoucir nos inquiétudes : que dites-vous de ces sentiments-là ? Y a-t-il des richesses qui les vaillent ? Nos

enfants resteront-ils si malheureux ? Serez-vous encore affligée ? Le pourrez-vous ? N'obtiendront-ils
rien ? Pour moi, je me suis déjà acquitté envers eux;
mon cœur est en paix : je suis content, et j'ose leur
répondre que vous le serez aussi ; pour de la tristesse,
il n'en est plus question; je crois que vous ni moi n'en
saurions plus avoir après cela : mais ce n'est pas
assez que de cesser d'être tristes; nous devons nous
croire heureux, nous devons l'être, comme nous le
sommes effectivement, d'avoir des enfants qui ont le
cœur si bon. »

Ma mère, à ce discours, versa des torrents de larmes de joie. « Oui, s'écria-t-elle en nous faisant des caresses, auxquelles mon père joignait encore les siennes ; oui, mon mari, vous avez eu raison de répondre pour moi, je suis contente. »

Je ne savais où j'étais, pendant que ma mère nous
parlait ainsi; le ravissement où je la voyais, ses caresses, celles de mon père, avaient mis mon cœur
dans une situation qu'on ne peut exprimer; je me
rappelle seulement que dans tout le cours de ma vie
je n'ai jamais senti de mouvement dont mon âme ait
été aussi tendrement pénétrée qu'elle le fut dans ce
moment.

De ce jour-là finit notre tristesse commune. Nous
passâmes six mois dans toute la paix et toute la
gaîté que peut donner un état où l'on ne désire plus

rien. Je me promenais souvent avec mon père, et de tout ce qui s'offrait à nos yeux il en prenait occasion de m'instruire. Je ne sais comment il faisait en m'instruisant : mais je regardais nos entretiens comme des heures de récréation pour moi ; je craignais de les voir finir : il avait l'art de les rendre intéressants ; j'aimais à sentir ce qu'il disait. Ma jeunesse et ma vivacité, qui pouvaient me dégoûter de ce qui était sérieux et raisonnable, comme pour l'ordinaire elles en dégoûtent les jeunes gens, ne contribuaient, avec lui, qu'à me rendre plus attentif à tous ses discours : j'en valais mieux entre ses mains d'être jeune et vif, parce que j'en avais plus d'ardeur pour le plaisir, et que ce plaisir il avait su faire en sorte que je le misse à m'entretenir avec lui.

Un jour que nous nous promenions, comme de coutume, nous vîmes passer un seigneur extrêmement âgé, qui se promenait comme nous assez près de son château ; il avait l'air triste, abattu, et rêvait profondément. D'où vient donc que ce seigneur est ici ? dis-je en le voyant ; il me semble ne l'avoir jamais vu à la campagne.

— C'est qu'il a eu ordre de se retirer de la cour, me dit mon père.

— Et pourquoi cela ?

— Oh ! pourquoi ? pour n'avoir pas eu l'adresse de se maintenir dans la faveur, pour n'avoir pas eu une intrigue supérieure à celle de ses ennemis, pour n'avoir pas perdu lui-même ceux qui l'ont perdu; car, ordinairement, voilà les crimes de ces fameux disgraciés.

— Mais, mon père... vous m'étonnez: les moyens de se maintenir en faveur me paraissent bien étranges; c'est donc un coupe-gorge que la cour des princes? Eh! comment d'honnêtes gens peuvent-ils s'accommoder de cette faveur?

— Je n'en sais rien: tout ce que je puis dire, c'est que les ambitieux s'en accommodent.

— Sur ce pied-là, quand on dit d'un homme qu'il est ambitieux, on en dit bien du mal. Mais ne pourrait-on pas s'exempter de la nécessité de nuire aux autres? Il n'y aurait qu'à ne se point faire des ennemis.

— Cela ne servirait de rien, car dans ce pays-là les ennemis se font d'eux-mêmes. Avez-vous du crédit? êtes-vous en place? vous voilà brouillé sans rémission avec je ne sais combien de gens à qui pourtant vous rendez service.

— Eh! quel mal peut-on vouloir à un homme qui oblige?

— On lui veut du mal de ce qu'il est en état d'obliger, de ce qu'on a besoin d'être son ami; au lieu qu'on voudrait que ce fût lui qui eût besoin d'être le nôtre.

— Eh ! de quelle manière faut-il donc se comporter avec des gens si méchants?

— Hélas ! mon fils, me répondit-il, il faut être méchant soi-même ; encore est-il bien difficile de l'être avec succès : car il s'agit d'avoir une méchanceté habile, qui perde finement vos ennemis, sans qu'ils voient comment vous vous y prenez : souvent même est-il nécessaire que ceux que vous employez pour les perdre ne s'aperçoivent pas de votre dessein. Sais-tu bien que, à la cour, c'est le chef-d'œuvre de l'esprit humain que cette méchanceté-là? On dit de celui qui y parvient : Voilà un habile homme, voilà un homme de tête ; il a culbuté ses ennemis, il a su écarter tout ce qui lui faisait ombrage ; il faut avoir bien de l'esprit pour se tirer d'affaire comme il a fait.

— Mais, mon père, parmi des personnes comme nous, quelqu'un qui ressemblerait à cet habile homme-là, nous dirions de lui que c'est un fourbe, un perfide, un homme sans conscience et sans honneur, un homme qui ne vaut rien.

— Bon ! me dit mon père en riant : tu fais là une plaisante comparaison. Eh! qu'est-ce que c'est que des gens comme nous? Il appartient bien à des hommes d'un état médiocre d'avoir le privilége. d'être fourbes ou perfides avec gloire! Ne voilà-t-il pas de beaux intérêts que les nôtres, pour mériter qu'on honore du nom d'habileté les perfidies que nous em-

ploirions pour avancer nos affaires, pour ruiner celles de nos semblables ! Oh! mon fils, ce n'est pas là
l'esprit du monde ; tu vois les choses comme elles
sont, toi ; tu as les yeux trop sains ; mais si un peu
d'extravagance humaine s'emparait malheureusement de ton cerveau, égarait ta raison, et mitigeait
tes principes de vertu, tu penserais bien d'une autre
manière.

Tandis que mon père me parlait ainsi, je jetais de
temps en temps les yeux sur le vieux seigneur qui
se promenait encore assez près de nous, et je le
voyais toujours enseveli dans une rêverie mélanco-
lique.

— Il me paraît que tu t'intéresses au chagrin de celui que tu regardes? me dit mon père. — Il est vrai,
lui dis-je; il me semble qu'il souffre. — Je le connais,
reprit mon père ; il a l'âme d'un honnête homme ;
il est né obligeant; l'on a toujours dit du bien de
lui : je suis persuadé qu'il n'est tombé que faute
d'avoir cette méchanceté ardente par laquelle on
vient à bout de se défendre de ses ennemis et de les
surprendre. — Sur ce pied-là, répondis-je, il se conso-
lera bientôt de sa chute; un honnête homme ne saurait longtemps regretter un état incompatible avec
sa bonté naturelle. — Hélas ! mon enfant, reprit-il, je
suis sûr que ce seigneur ne le regrette que trop, cet
état où il n'est plus. Son cœur n'y a pas fait nau-

frage; mais l'habitude des honneurs peut lui avoir
gâté l'esprit; il regrette ce fracas dans lequel il vivait, ce mouvement que tant de monde se donnait
pour aller à lui; il regrette ces flatteurs dont il se
moquait, mais qui regardaient comme un bonheur
de se le rendre favorable; il ne voit plus ces airs
timides rampants et qui divertissaient sa vanité; il
ne fait plus la destinée de personne; ses amis n'ont
plus tant d'intérêt à le ménager; il soupire après
cette place qu'il tenait dans l'esprit des autres, après
ce respect craintif qu'il aimait à inspirer, quoiqu'il
se plût à le dissiper par des procédés obligeants;
enfin après mille fantômes pareils sans lesquels il
ne peut vivre, et qui sont devenus la nourriture
nécessaire d'un esprit empoisonné d'ambition.

La nuit qui s'approchait pendant que nous nous
nous entretenions, mon père et moi, nous fit reprendre le chemin de la maison.

En nous retirant, nous rencontrâmes un laboureur
qui revenait de son travail, et qui chantait de toute
sa force. — Voici un homme qui a le cœur bien gai,
dis-je à mon père. — Il a de bonnes raisons pour cela,
me répondit-il; c'est que la terre avait besoin de
pluie, et qu'il a plu.

Je ne pus m'empêcher de rire du ton sérieux dont
mon père me tint ce discours. —Le courtisan disgracié
qui se promenait tout-à-l'heure a vu pleuvoir aussi.

repris-je ; mais son esprit n'en a pas reçu de soulagement. — Tu me fais là une belle comparaison, me dit-il, d'un laboureur à un courtisan ! Le temps qu'il fait est excellent pour la terre : eh bien ! le courtisan, quel avantage en peut-il espérer ? Que ses greniers en seront plus pleins de biens ; qu'il en aura plus abondamment de quoi vivre : cela est vrai ; mais sa vanité, de quoi vivra-t-elle ? Ses besoins sont pour le moins aussi pressants que s'ils étaient raisonnables ; et la pluie ni le soleil ne peuvent rien pour eux ; au lieu qu'ils peuvent pour les besoins de ce laboureur qui ne veut que vivre, et qui voit que son champ dont il vit en profitera davantage. Ainsi tu comprends qu'il a raison d'être gai, puisqu'il est presque sûr d'avoir ce qu'il souhaite. Ne le trouves-tu pas heureux d'être si borné dans ses désirs ? Qu'en dis-tu ? Que les hommes soient bons ou méchants, qu'ils se trahissent à la cour ou à la ville, qu'un ministre superbe les rebute ou les favorise, qu'ils courent après de grands emplois, qu'ils les manquent ou qu'ils les perdent, tout cela n'est point de la connaissance du laboureur ; c'est un état de trouble et de misère que sa condition lui épargne. Il pleut à propos, cela lui suffit ; le bonhomme se couche content, se lève de même, reprend son travail avec plaisir, et meurt enfin aussi tranquillement qu'il a vécu ; car une vie passée dans le repos a cela d'heureux qu'elle est douce pendant qu'on en jouit, et qu'on ne s'y trouve point attaché quand on la quitte.

Nous arrivâmes à la maison en nous entretenant ainsi : nous trouvâmes ma mère un peu indisposée. Le lendemain son indisposition augmenta, la fièvre la prit, et quelques jours après elle mourut.

Je passe la douleur que je ressentis à sa mort, et l'affliction où tomba mon père, qui ne put se consoler ; elle mourut en lui serrant la main, pendant que nous fondions en larmes aux pieds du lit, ma sœur et moi.

Ce ne furent que pleurs et que gémissements dans notre maison pendant un mois : aussi fîmes-nous une perte irréparable. Quelle union entre elle et mon père ! que de tendresse elle avait pour ses enfants ! Je ne me souviens pas de l'avoir jamais regardée comme une personne qui avait de l'autorité sur moi : je ne lui ai jamais obéi parce qu'elle était la maîtresse, et que je dépendais d'elle ; c'était l'amour que j'avais pour elle qui me soumettait toujours au sien. Quand elle me disait quelque chose, je connaissais sensiblement que c'était pour mon bien ; je voyais que c'était son cœur qui me parlait ; elle savait pénétrer le mien de cette vérité-là ; elle s'y prenait pour cela d'une manière qui était proportionnée à mon intelligence, et que son amour pour moi m'en-

seignait sans doute ; car je la comprenais parfaitement, tout jeune que j'étais, et je recevais la leçon
avec le trait de tendresse qui me la donnait ; de sorte
que mon cœur était reconnaissant aussitôt qu'instruit,
et que le plaisir que j'avais en lui obéissant m'affec-
tionnait bientôt à ses leçons mêmes.

Si quelquefois je n'observais pas exactement ce
qu'elle souhaitait de moi, je ne la voyais point ir-
ritée ; je n'essuyais aucun emportement, aucun reproche dur et menaçant ; point de ces vivacités de
tempérament qui entrent de moitié dans les cor-
rections ordinaires, et qui les rendent pernicieuses
par le mauvais exemple qu'elles y mêlent. Non, ma
mère ne tombait pas dans ces fautes-là, et ne me
donnait pas de nouveaux défauts en me reprenant
de ceux que j'avais ; je ne lui voyais jamais un
air sévère ; je ne la retrouvais pas même d'un accès
moins aisé ; elle était seulement plus triste ; elle me
disait doucement que je l'affligeais, et me caressait
même en me montrant son affliction ; c'était là mon
châtiment ; aussi je n'y tenais pas. Un jeune homme
né avec un cœur un peu sensible ne saurait résister
à de pareilles manières. Je pleurais de tout mon
cœur ; je lui promettais, en l'embrassant, de ne lui
plus donner le moindre sujet de chagrin, et je tenais
parole ; je me serais même fait un scrupule de la
tromper, quand je l'aurais pu : ce mélange de bonté

et de plaintes, cette douleur attendrissante qu'elle
me témoignait quand je faisais mal, me suivait partout ; c'était une scène que je ne pouvais pas me résoudre à voir recommencer ; son cœur, que je ne
perdais jamais de vue, tenait le mien en respect ; je
n'aurais pas goûté le plaisir de la voir contente de
moi si je m'étais dit intérieurement qu'elle ne devait
pas l'être ; je me serais reproché son erreur.

La mort me la ravit dans le temps où j'avais le
plus besoin d'elle. J'entrais dans un âge sujet à des
égarements que je ne connaissais pas encore, et où
ce tendre égard que j'avais pour elle m'aurait été
plus profitable que jamais.

Mon père ne put survivre longtemps à sa perte :
sa santé, qui était déjà très mauvaise, s'altéra encore
davantage ; plusieurs infirmités l'attaquèrent à la
fois ; il n'agissait plus, et bientôt il fut réduit à garder le lit : il ne vécut qu'un an dans ce triste état, et
il mourut entre mes bras, pendant que ma sœur
était absente pour affaires domestiques.

« Mon fils, me dit-il un moment avant que d'expirer, vous avez perdu votre mère, vous allez me
perdre, et je vous vois au désespoir ; mais vous n'y
serez pas toujours, le temps console de tout. Je vais
répondre de mes actions à celui qui m'a donné la
vie ; vous lui répondrez un jour des vôtres, songez-y ;
au défaut de biens que je ne puis vous laisser, mon

4

amour vous laisse cette pensée ; ne la perdez point,
vous y trouverez tous les conseils que je pourrais
vous donner, et c'est elle qui doit désormais vous
tenir lieu de père et de mère. »

A peine eut-il achevé ce peu de mots, qu'il tomba
dans une faiblesse qui lui ôta la parole ; il prononça
encore quelque chose de mal articulé, et où je compris qu'il demandait sa fille ; après quoi ses yeux se
fixèrent sur moi, et ne cessèrent de me regarder que
lorsqu'il expira.

Je ne saurais peindre l'état où je me trouvai alors ;
en le voyant mourir, je crus voir encore une fois
mourir ma mère ; il me semblait que je venais de les
perdre tous deux dans le même moment.

Je ne savais où j'étais, je restai dans un accablement qui me rendait stupide ; ma sœur était déjà de
retour, m'avait parlé, avait poussé des cris, que je
n'étais pas encore revenu à moi-même.

Que nous étions à plaindre ! nous n'avions point
de parents dans la province ; des amis, nous n'en
connaissions point : qui est-ce qui s'attache à d'honnêtes gens qui sont dans l'infortune ?

Dans un si grand abandon, je ne savais que devenir ; il me semblait que nous ne tenions plus à rien,
et j'étais presque dans le désespoir. Ma sœur eut
plus de fermeté que moi, sa raison rappela la
mienne, et ses sages conseils me décidèrent à passer

ma vie avec elle. Nous donnons tous les jours des larmes à la mort de nos respectables parents. Ils ne nous ont point laissé de fortune ; mais ils nous ont appris à la mépriser, et cela vaut mieux. Le souvenir de leurs vertus nous donne la force de cultiver le champ qu'ils nous ont laissé ; notre modération règle nos besoins, et ils sont satisfaits par notre sage économie. Nous jouissons de la douceur et des charmes de l'amitié, et nous vivons heureux, parce que nous avons appris de bonne heure à savoir l'être.

LA JUSTICE ET LA CLÉMENCE DE DIEU.

La petite Marianne de Vaucel pria un soir son père de lui expliquer un passage de l'Ecriture, qu'on lui avait fait apprendre à l'école. C'était celui-ci :

« Moi, le Seigneur ton Dieu, je suis un Dieu jaloux, qui visite l'iniquité du père dans les enfants jusqu'à la troisième et à la quatrième génération de ceux qui me haïssent, et qui fais miséricorde en mille générations à ceux qui m'aiment et qui observent mes commandements. »

Qu'est-ce donc qu'une génération, je vous prie ? dit Marianne après avoir répété ce passage.

Regarde la chaîne de ma montre, lui répondit son père.

MARIANNE.

Eh bien ! mon papa !

M. DE VAUCEL.

Vois-tu le petit chaînon qui tient à l'anneau ? c'est le premier. Celui qui tient à celui-là est le second, et les autres qui viennent après en descendant, sont le troisième, le quatrième, le cinquième, et ainsi de suite jusqu'au dernier. Comprends-tu cela ?

MARIANNE.

Ce n'est pas difficile.

M. DE VAUCEL.

Sois bien attentive. Un homme descend d'un autre homme, comme un chaînon de cette chaîne descend d'un autre chaînon. Le premier qui vient d'un homme, quel qu'il soit, forme sa première génération ; celui qui vient de celui-ci forme la seconde, et ainsi de suite.

MARIANNE.

Voilà qui est clair. Mon frère aîné Cyprien forme votre première génération, Auguste la seconde, et moi la troisième.

M. DE VAUCEL.

Je vois que je ne me suis pas encore assez clairement exprimé. Je vais te donner un exemple que tu comprendras peut-être un peu mieux. Noé fut père

de Sem, Sem fut père d'Arphaxad, Arphaxad fut
père de Salem. Dis-moi maintenant quelles étaient,
par rapport à Noé, la première, la seconde et la troisième génération ?

MARIANNE.

Sem était la première, Arphaxad la seconde, et
Salem la troisième.

M. DE VAUCEL.

A merveille. Nous disions que Dieu visite l'iniquité
des pères dans leurs descendants. Noé était devenu
pécheur ; Dieu visita ses péchés dans Sem, Arphaxad, Salem, et dans les enfants de Salem.

MARIANNE.

Vous dites *visiter*, mon papa ? Dieu visite donc les
hommes ?

M. DE VAUCEL.

Sans contredit. Je t'ai souvent visitée dans tes di-
vertissements ou dans tes travaux. Ma visite a-t-elle
été toujours agréable pour toi ?

MARIANNE.

Oh ! pas toujours.

M. DE VAUCEL.

Pourquoi donc ?

MARIANNE.

Quand j'étais paresseuse, ou que je boudais mes
frères, vous me faisiez des reproches.

M. DE VAUCEL.

Est-ce que je n'ai jamais eu que des reproches à te
faire ?

MARIANNE.

Pardonnez-moi, mon papa. Lorsque j'étais bien
douce ou bien appliquée, vous me faisiez des caresses. J'ai même reçu quelquefois de vous de très jolis
cadeaux.

M. DE VAUCEL.

C'est de la même manière que Dieu visite les hommes. Lorsqu'ils sont méchants, il les punit ; lorsqu'ils sont bons, il les récompense.

MARIANNE.

Dieu est donc toujours auprès de nous, pour nous
visiter ainsi ?

M. DE VAUCEL.

Toujours, ma fille ; mais comme nous ne pouvons
pas le voir, il a des signes frappants pour faire éclater sa présence. Ses récompenses ou ses punitions
vous avertissent qu'il est à nos côtés.

MARIANNE.

Mais, mon papa, vous m'avez toujours dit que
Dieu ne fait d'injutsice à personne. Comment arrive-
t-il donc qu'il punisse les pauvres enfants parce que
leurs pères ont été méchants?

M. DE VAUCEL.

C'est que les enfants des méchants sont la plupart
aussi méchants que leurs pères.

MARIANNE.

Et d'où cela vient-il?

M. DE VAUCEL.

C'est qu'ils ne voient et n'entendent rien que de
mal de la part de leurs parents.

MARIANNE.

Notre voisin M. Duparc est un méchant homme ;
cependant il envoie ses enfants à l'école et à l'église.
Il me semble qu'il ne tient qu'à eux d'être bons et
religieux.

M. DE VAUCEL.

Et moi aussi je t'envoie à l'école et à l'église. D'où
vient donc que tu étais quelquefois méchante, lorsque tu venais de jouer avec ces enfants, avant que je
t'eusse défendu de les voir?

MARIANNE.

Je ne le sais pas moi-même. Quand j'arrivais auprès d'eux, j'étais d'abord toute saisie en les enten-
dant jurer et se disputer, et en les voyant quelquefois se battre. Peu à peu cependant je m'y accoutu-
mais, et j'aurais peut-être pris leurs vilaines manières, malgré vos bonnes leçons, si j'avais continué de
les voir.

M. DE VAUCEL.

Voilà précisément ce qui arrive aux enfants des
méchants. Ils s'accoutument peu à peu au mal qu'ils
entendent sans cesse dans leur maison. M. Duparc

revient ivre presque tous les jours, et bat sa femme sans le moindre sujet. Ses enfants en sont témoins. Il est bien vrai qu'on leur a dit souvent à l'église et à l'école que Dieu punit ceux qui s'abandonnent à l'ivrognerie et à la colère. Ils voient pourtant leur père s'y abandonner, et ils se disent en eux-mêmes : Il faut que ces vices ne soient pas si grands qu'on nous le dit ; autrement notre père se garderait bien d'y tomber.

— Je crains qu'ils ne deviennent bientôt aussi méchants que lui ; et alors, si Dieu les en punit, commettra-t-il une injustice ?

MARIANNE.

Je ne puis le croire.

M. DE VAUCEL.

Je vais te rapporter un exemple frappant à ce sujet. As-tu remarqué Pierre, ce pauvre bossu qui vient mendier toutes les semaines à notre porte ?

MARIANNE.

Oh oui ! je le connais bien. Je lui ai donné quelquefois du pain de mon déjeuner. Ah ! mon papa, le vilain homme ! Il est pâle comme la mort, il a une barbe aussi longue que le poil de nos décrottoires.

M. DE VAUCEL.

Tu peux voir, par cet homme, comment Dieu visite dans les enfants les crimes de leurs pères jusqu'à la troisième génération. Son bisaïeul s'appelait M. de

Quincy. On évaluait ses biens à deux millions ; et son emploi de recevour général lui rapportait encore par an plus de cinquante mille livres. Jouissant d'une fortune aussi considérable, il aurait dû n'en être que plus reconnaissant envers Dieu, et n'en mener qu'une vie plus exemplaire. Ma chère Marianne, quel bien cet homme aurait pu faire avec ses richesses ! Combien d'honnêtes familles il aurait pu soutenir ! Combien de pauvres orphelins il aurait pu faire élever ! Quelles bonnes instructions il aurait pu procurer à ses propres enfants ! Il ne fit rien de tout cela. Il aimait mieux donner des fêtes et des repas somptueux à des gens aussi méprisables que lui. O ma fille ! si tu avais entendu leurs entretiens, tu aurais frémi d'épouvante. Tu les aurais pris pour les propos de la populace la plus crapuleuse. Sans respect pour l'innocence de ses enfants, leur père osait les tenir jusqu'en leur présence. Il ne leur demandait jamais : Qu'avez-vous fait de bien aujourd'hui ? qu'avez-vous appris d'utile ? Il était si souvent chargé de vin, ou abîmé dans le jeu, que ses enfants pouvaient faire tout ce qui leur venait dans la fantaisie. Dès leur premier âge, ils couraient dans les rues avec tous les petits vagabonds. Lorsqu'ils furent plus grands, on ne les trouvait que dans les cabarets, les billards, les académies de jeu, ou d'autres mauvais lieux fréquentés par les libertins. L'aîné des garçons, nommé Charles, avait été envoyé à Paris pour y faire ses exercices ; mais il ne lui était seulement pas venu l'idée de s'instruire. Au lieu d'acheter de bons ouvrages, il employait son argent à boire des liqueurs ou à jouer. Il se disait : Qu'as-tu besoin de te rompre la tête sur des livres ? tu as un père riche qui te laissera plus d'or que n'en possèdent tous les savants.

Un jour qu'il était en partie de débauche avec une troupe de joueurs et de gens infâmes, un messager vint lui apprendre la mort subite de son père. Quels sentiments imagines-tu, ma fille, qu'il fit éclater à cette triste nouvelle ?

MARIANNE.

Il dut être bien affligé. Je me représente quelle serait ma douleur si l'on venait me dire : Marianne, ton papa est mort !

M. DE VAUCEL.

Le monstre ne fut point affligé ; au contraire, il remplit de vin son verre et celui de tous ses camarades, et leur dit (je frémis de le répéter) : A la santé de la Fortune ! Maintenant je peux vivre à mon aise. J'ai de l'or par-dessus la tête.

MARIANNE.

O mon papa ! est-il possible qu'on puisse être si méchant ?

M. DE VAUCEL.

Tu le vois, lorsqu'on a le malheur de naître de parents qui vous apprennent à le devenir. Il passa le reste du jour et une partie de la nuit à table. Le lendemain, il rassembla tous ses effets, et se mit en route pour aller prendre possession des biens de son père. Mais les choses ne tournèrent pas comme il l'avait imaginé. Quand il arriva dans la maison paternelle, tout était saisi.

MARIANNE.

Saisi ? que veut dire cela, mon papa ?

M. DE VAUCEL.

M. de Quincy avait eu entre les mains l'argent du roi. Comme on soupçonna qu'il pouvait ne lui avoir pas été bien fidèle, aussitôt après sa mort on ferma sa caisse et tous ses appartements, afin qu'on ne détournât rien de ses effets, et que le roi pût être payé s'il manquait quelque chose des sommes que M. de Quincy avait touchées pour lui.

MARIANNE.

Et y manquait-il quelque chose, en effet ?

M. DE VAUCEL.

Le vide de sa caisse était immense. D'ailleurs il vint aussi de tous les côtés des gens à qui il devait, et qui firent des saisies particulières sur ses biens.

MARIANNE.

Qui étaient donc ces gens-là ?

M. DE VAUCEL.

Des marchands de vin, de bijoux et d'étoffes, des selliers, des tailleurs, des charrons, de toute espèce d'ouvriers et de fournisseurs : car il avait toujours pris à crédit, sans penser jamais à ce qu'il serait obligé de payer. Le peu qu'il avait laissé d'argent fut bientôt dévoré par les gens de justice. Son hôtel, ses terres, ses meubles, son argenterie, tout fut vendu ; et cette vente ne produisit pas la moitié de l'argent qu'il aurait fallu pour acquitter ses dettes.

MARIANNE.

Et Charles, que devint-il alors ?

M. DE VAUCEL.

Il commença dès ce moment à être bien à plaindre. Son père lui avait donné une mauvaise éducation : aussi n'avait-il rien appris, et il ne savait comment faire pour vivre. Accoutumé à une vie de débauche, il voulait toujours manger de bons morceaux, comme à l'ordinaire. Il fut donc obligé de vendre sa montre, ses beaux habits, ses dentelles ; et il dépensa tout cela si vite que peu de jours après il fut réduit à s'en aller mendiant de porte en porte. Par bonheur le roi eut pitié de lui, et on lui donna une place de six cents francs au bureau d'entrée des vins. Cet emploi lui fit faire connaissance avec la fille d'un cabaretier, qu'il voulut prendre pour femme. Il n'aurait jamais épousé une fille si vicieuse s'il n'avait eu le cœur encore plus bas et plus corrompu. Tous les jours ils se causaient l'un à l'autre de nouveaux chagrins par le désordre de leur conduite. Tandis qu'il s'enivrait avec les marchands de vin, dont il favorisait les friponneries, elle courait toutes les tavernes du canton. Lorsqu'ils revenaient tous les deux au logis, elle le querellait, il l'injuriait à son tour; il la battait, elle le déchirait. N'était-ce pas un homme bien malheureux?

MARIANNE.

Oh! mon papa!

M. DE VAUCEL.

Et pourquoi était-il si malheureux?

MARIANNE.

Parce qu'il avait eu un méchant père.

M. DE VAUCEL.

N'avait-il pas mérité les malheurs qu'il éprouvait?

MARIANNE.

Sûrement, puisqu'il était si vicieux lui-même.

M. DE VAUCEL.

Tu vois par là comment Dieu a visité l'iniquité de M. de Quincy dans sa première génération, sans que Charles eût raison de se plaindre d'en être l'innocente victime.

MARIANNE.

Et Charles eut-il aussi des enfants?

M. DE VAUCEL.

Hélas ! oui, il en eut trois. Il serait trop long de te raconter ce qui arriva à chacun d'eux en particulier. Je me contenterai de te dire quelque chose du cadet, qu'on appelait Etienne.

Tu croiras aisément que Charles, après avoir reçu de si mauvais principes, s'embarrassait bien peu de l'éducation de son fils. Tandis que les autres enfants étudiaient à l'école, Etienne se faufilait parmi les soldats dont les casernes n'étaient pas loin de sa demeure. Là il n'entendait que des jurements et des horreurs. Il avait déjà quinze ans, qu'il ne savait ni lire ni écrire. Il ne connaissait Dieu pas plus qu'un jeune sauvage perdu dans les forêts.

Son père entreprit cependant un jour de lui reprocher sa mauvaise conduite. « Qu'avez-vous à me dire sur ce chapitre ? lui répondit-il ; vous ne vous conduisez pas mieux que moi. » Charles s'emporta contre son insolence, prit un bâton et le frappa sans pitié. Mais Etienne, au lieu de profiter de cette correction, s'échappa furieux, et alla se louer, en qualité de garçon d'auberge, à Saint-Denis.

Ce changement de vie aurait pu lui devenir utile. Non-seulement il avait de bons gages de l'aubergiste, mais encore il ne se passait guère de jour qu'il ne reçût quelque chose des voyageurs qui venaient dans la maison. S'il avait ménagé ces petits profits avec économie, et qu'il eût pris une conduite réglée, il aurait pu avec le temps se former un établissement avantageux; mais la dépravation de son âme lui fit rejeter ces moyens. Aussitôt que les voyageurs et l'aubergiste étaient au lit, il sortait de la maison et s'en allait dans les corps-de-garde, où il passait la nuit à jouer. S'il lui restait quelque argent, il l'employait le lendemain à s'enivrer d'eau-de-vie. Par ces excès, ainsi que par d'autres débauches, Etienne vieillit de bonne heure, et de vint presque impotent.

Le maître de poste du voisinage avait une fille si imbécile qu'il avait grande envie de s'en débarrasser. Il la proposait en mariage à tout le monde; mais personne ne voulait se charger d'un pareil fardeau. Enfin il fit un jour venir Etienne, et lui offrit cent louis s'il la voulait épouser. Celui-ci accepta la proposition, à la vue de la somme qu'on étalait à ses yeux. Mais il ne l'eut pas plus tôt dépensée qu'il partit, ne laissant à sa femme qu'un malheureux enfant, ce même Pierre dont je t'ai d'abord parlé.

Il se soutint pendant quelques mois, en mendiant sur les grandes routes. Ce genre de vie le mit bientôt en liaison avec tout ce qu'il y avait de scélérats dans le pays. Il ne tarda guère à se jeter dans une bande de voleurs, avec lesquels il allait dérober la nuit dans les villages. Cependant cette abominable profession ne lui réussit pas longtemps. Il fut pris avec trois de ses camarades dans un vol de nuit. On le conduisit à Paris, et il fut livré au dernier supplice. Dieu visita l'iniquité de M. de Quincy dans sa seconde génération. Etienne, à ton avis, n'avait-il pas mérité cette fin cruelle?

MARIANNE.

Il était encore plus scélérat que ses parents !

M. DE VAUCEL.

Ainsi Dieu ne fait pas d'injustice en recherchant les crimes des pères dans leurs enfants.

MARIANNE.

Mais comment Pierre fut-il réduit à cet état déplorable où il est aujourd'hui ?

M. DE VAUCEL.

Je vais te le dire. De pères débauchés naissent ordinairement des enfants contrefaits. Pierre vint au monde avec des jambes nouées et un corps tout tortu. Il avait de plus hérité de toute l'imbécillité de sa mère, de sorte qu'à l'âge de six ans à peine pouvait-il bégayer quelques paroles. Il ne se trouve personne qui daignât prendre soin de lui : ses infirmités et son imbécillité ne firent que s'accroître, et il devint bientôt cet homme stupide, malsain et hideux que tu vois aujourd'hui. Dieu visita l'iniquité de M. de Quincy dans sa troisième génération.

MARIANNE.

Ah! mon papa, cela est affreux!

M. DE VAUCEL.

Mais est-il moins affreux de violer les commandements d'un si bon père que Dieu? Apprends, ma chère Marianne, apprends à le craindre et à l'aimer. Plus tu verras faire le mal autour de toi, plus il faut que tu songes à t'en préserver. Tu serais mille fois plus coupable qu'un autre, après avoir reçu de si bonne heure toutes les instructions dont tu peux avoir besoin.

MARIANNE.

Oh! ne craignez pas, je suis bien résolue d'en profiter; mais dites-moi, je vous prie, n'est-il pas possible que les enfants des méchants deviennent meilleurs que leurs pères?

M. DE VAUCEL.

Oui, sans doute, lorsqu'ils ne se forment pas sur les mauvais exemples qu'ils en reçoivent, mais sur les avis de leur conscience et de leur raison, aidés des sages conseils qu'ils peuvent recueillir de tous les gens de bien. Nous en avons un exemple dans la Bible. Achaz était un très méchant roi, et il eut un fils pieux, nommé Ezéchias.

MARIANNE.

Alors, mon papa, serait-il juste que Dieu punît des enfants pieux pour l'impiété de leurs pères?

M. DE VAUCEL.

C'est aussi ce que Dieu ne fait jamais. Il le dit lui-même dans l'Ecriture ; et l'un de nos plus grands poëtes a renfermé ses paroles dans ces deux beaux vers :

> Je ne recherche point, aveugle en ma colère,
> Sur le fils qui me craint l'impiété du père.

Est-ce qu'Ezéchias a été puni ?

MARIANNE.

Non, cela est vrai. J'ai lu même que lorsque les Assyriens l'assiégèrent dans Jérusalem, Dieu le fit délivrer par un ange ; et que lorsqu'il fut attaqué d'une maladie cruelle, Dieu lui rendit la santé.

M. DE VAUCEL.

Tu vois donc que Dieu ne fait d'injustice à personne.

Marianne voulait poursuivre cet entretien ; mais comme la nuit était venue, la suite en fut remise au jour suivant.

Le lendemain, dans la matinée, lorsque Marianne eut rendu ses premiers devoirs à son père, il lui dit : Eh bien ! ma fille, te souviens-tu de ce qui faisait hier au soir le sujet de notre entretien ?

MARIANNE.

Je crois me le rappeler, mon papa.

M. DE VAUCEL.

Voyons un peu.

MARIANNE.

C'est que Dieu punit les méchants jusque dans leurs fils et leurs petits-fils, parce que ceux-ci sont ordinairement aussi méchants que leurs pères.

M. DE VAUCEL.

En effet, tu l'as fort bien retenu.

MARIANNE.

Mais il reste encore quelque chose à m'expliquer, mon papa.

« Je fais miséricorde en mille générations à ceux » qui m'aiment et qui gardent mes commande- » ments. »

Que faut-il entendre par là, je vous prie ?

M. DE VAUCEL.

Ecoute. Le petit Dumoulin demeure dans notre maison ; je le fais habiller : je paie un précepteur qui l'instruit. Quel motif m'engage à toutes ces dépenses pour un étranger ?

MARIANNE.

Vous m'avez dit que son grand-père avait été gouverneur de votre papa, qu'il lui avait donné d'excellentes instructions, et que vous croyiez de votre devoir de les rendre à son petit-fils.

M. DE VAUCEL.

Il est vrai ; mais si cet enfant était un mauvais sujet, serais-je porté envers lui d'une si bonne volonté ?

MARIANNE.

Non sûrement.

M. DE VAUCEL.

Tant qu'il continuera, au contraire, de se bien conduire, crois-tu que je lui retire mes secours ?

MARIANNE.

Oh ! que non, je vous connais. Vous n'en serez que
plus généreux envers lui.

M. DE VAUCEL.

Dieu en agit de même envers les enfants des gens
de bien. Il les comble de ses grâces, parce qu'ils ont
eu d'honnêtes parents. S'ils tournent vers le mal, il
les châtie ; en mémoire de la droiture de leurs pères,
il est toujours prêt à leur pardonner.

MARIANNE.

Vous me donnâtes hier, mon papa, un exemple
d'enfants punis par suite de la méchanceté de leurs
parents. Voudriez-vous aujoud'hui m'en donner un
d'enfants récompensés par la piété de leurs pères ?

M. DE VAUCEL.

Très volontiers, ma fille. Tu connais madame
Dupuis?

MARIANNE.

Oui, mon papa. Je l'ai vue quelquefois chez ma
cousine.

M. DE VAUCEL.

Eh bien ! c'est la fille d'un simple maître d'école

fort pauvre, mais très honnête et très religieux. Je
ne te citerai qu'un seul trait de sa probité. Pendant
la dernière guerre, un soldat fut logé quelques jours
chez lui. Lorsque l'ordre de partir arriva, le vieux
guerrier, qui se connaissait en braves gens, lui dit :
Monsieur, je puis faire encore cent quartiers avant
de trouver logement chez un si honnête homme.
Voici, continua-t-il, en lui remettant une bourse de
cuir où il y avait deux cents écus, voici toute ma petite fortune que j'ai acquise au prix de mon sang.
Gardez-la-moi. Si j'échappe au danger que je vais
courir, je viendrai la reprendre de vos mains. Si je
meurs, j'ai un frère que cette somme rendrait fort
heureux. Voici son adresse ; vous la lui ferez tenir.

— Voulez-vous une reconnaissance de ce dépôt ?
lui dit son hôte.

— Non, non, répondit le soldat. La parole d'un
honnête homme vaut mieux que tous les écrits. Il
l'embrassa, lui dit adieu, et sauta sur son cheval,
pour aller se mettre en ligne dans la marche du régiment.

Six mois après, le bruit se répandit que le régiment avait été fort maltraité dans une escarmouche.
Le maître d'école écrivit au major, et il reçut un cer-
tificat de mort du pauvre soldat. Dans le même
temps, ses enfants étaient au lit, attaqués d'une maladie très dangereuse. Ils soupiraient après des ra-

fraîchissements, et leur père n'était pas en état de
leur en donner. Il pleurait auprès d'eux, et n'avait
que des consolations fort tristes à leur offrir pour
tout secours. Mon cher ami, lui dit sa femme, tu as
dans ta cassette les deux cents écus du soldat. Ne
pourrais-tu pas en prendre quelques-uns pour soutenir ta famille ? Personne au monde n'en saura rien,
puisque tu n'as pas donné un seul mot d'écrit.

— Que dis-tu, ma femme ! lui répondit-il. Je
suis déjà d'un âge assez avancé ; mais jusqu'ici je
n'ai fait tort à personne, et je ne commencerai pas
de ce jour. Elle se mit à pleurer de la manière la
plus pitoyable, en lui disant, à travers ses sanglots:

— As-tu donc un cœur de pierre, pour être sans
pitié envers tes pauvres enfants ?

— Dieu est aussi leur père, répliqua-t-il ; il les
sauvera, si c'est sa volonté. En cherchant à les secourir par un crime, je ne ferais qu'irriter contre
moi le maître de leur vie et de la mienne. Il s'arra-
cha des bras de sa femme en achevant ces mots ; il
courut à son cabinet ; il écrivit au frère du soldat, et
lui fit tenir sur-le-champ les deux cents écus. Ils ar-
rivèrent fort à propos. L'héritier de cette somme
avait un fils qui annonçait les plus grandes dispositions pour l'étude. Elle servit à l'envoyer à l'université.

Dans cet intervalle, le maître d'école passait la

nuit et le jour auprès du lit de ses enfants. Il eut la joie de les voir enfin guérir; mais il ne s'en trouvait pas moins embarrassé pour fournir à leur entretien. Il s'habillait légèrement, ne se nourrissait qu'à demi; et tout ce qu'il pouvait se dérober à lui-même il l'employait pour sa famille.

Cet honnête homme perdit bientôt sa femme, et mourut lui-même quelque temps après, ne laissant après lui que ses livres et six enfants. Sa sœur était venue le soigner dans sa maladie. Hélas ! s'écriait-elle en le voyant mourir, que deviendront ces pauvres orphelins ! Il entendit ces paroles, se releva sur son lit, et dit à sa sœur : Ne t'inquiète pas, ma chère amie, je leur laisse une grande fortune; ils ont ma bénédiction; et il mourut.

Ces enfants, ma chère Marianne, instruits par les leçons et les bons exemples de leur père, ont tous prospéré; mais je veux te raconter particulièrement ce qui est arrivé à madame Dupuis.

Après la perte de ses parents, elle fut accueillie dans la maison de sa marraine. Accoutumée dès l'enfance à une parure modeste, il lui fallait bien peu de chose pour son entretien ; et elle le gagnait largement par son travail à l'aiguille. Elle était toujours gaie, d'une santé robuste, et d'un commerce très agréable dans la société. Je l'ai vue souvent chez madame de Valmont; et quoique cette dame

emploie des sommes pour sa toilette, la jeune orpheline me paraissait toujours plus belle dans la simpli
cité de ses habits. Tous ceux qui la voyaient se di
saient en eux-mêmes : La bénédiction de son père
se manifeste bien évidemment sur elle.

Elle entrait à peine dans sa dix-huitième année,
que sa modestie, ses grâces et son esprit avaient attiré l'attention de plusieurs jeunes gens qui cher-
chaient à s'établir : mais c'étaient la plupart des libertins. Ni leur rang ni leur fortune ne furent capa-
bles de l'éblouir. Elle avait trop de sagesse pour s'u-
nir par des nœuds qui doivent durer autant que la
vie à un homme de mauvaise conduite. Ainsi la vertu qu'elle avait hérité de son père la préserva d'un
mariage malheureux.

Enfin M. Dupuis, qui demeurait dans le voisinage, la remarqua. C'était précisément le fils du pauvre homme à qui l'honnête maître d'école avait fidèlement envoyé la petite fortune du soldat son frère.
Il avait si bien profité de ses études que tout le
monde s'était intéressé en sa faveur. On lui avait
d'abord donné un petit emploi pour éprouver son
zèle et sa capacité. L'un et l'autre avaient si bien
surpassé toutes les espérances qu'on s'en était for-
mées, qu'il venait de s'élever en peu de temps à un
poste assez considérable. Admis chez madame de
Valmont, il eut l'occasion et le loisir de connaître tout

le mérite de la jeune orpheline, et il souhaitait se-
crètement de la voir son épouse. Mais quels furent
ses transports lorsqu'il découvrit qu'elle était fille
du fidèle dépositaire à la probité duquel il était re-
devable de son bonheur ! La fille d'un si honnête
homme, se disait-il en lui-même, doit être la meilleure des épouses. Il lui fit part de ses sentiments,
elle en reçut l'aveu avec autant de modestie que de
reconnaissance, et devint bientôt l'heureuse femme
qu'elle est aujourd'hui.

Tu vois par cet exemple comment Dieu se plaît à
récompenser les enfants du bien qu'ont fait leurs pères. Si le maître d'école avait retenu la somme qui
lui avait été confiée par le soldat, le père de M. Dupuis n'aurait pu envoyer son fils à l'université ; celui-ci, par conséquent, n'aurait eu ni considération, ni
emploi, ni fortune, et n'aurait pu faire le bonheur de
la fille du maître d'école.

MARIANNE.

Toutes les filles d'honnêtes gens se marient donc
à des hommes qui les rendent heureuses ?

M. DE VAUCEL.

Je t'avouerai que cela n'arrive pas toujours.

MARIANNE.

Elles obtiennent donc d'ailleurs tout ce qu'elles
désirent?

M. DE VAUCEL.

Non, pas toujours encore. Dieu envoie souvent aux enfants des gens pieux des épreuves fâcheuses. Ne saurais-tu m'en rapporter aucun exemple tiré de la Bible ?

MARIANNE.

Pardonnez-moi, mon papa. Je me souviens de l'histoire de Joseph. C'était le fils d'un saint patriarche ; cependant il fut vendu et mis en prison.

M. DE VAUCEL.

Il est vrai.

MARIANNE.

Ainsi donc ces pauvres enfants sont traités comme s'ils étaient nés de méchants parents ?

M. DE VAUCEL.

Non, pas tout-à-fait ; car s'ils ont été élevés dans la prière et dans la résignation, ils y trouvent un adoucissement à leurs souffrances. Une suite de jours heureux aurait pu les enorgueillir ou les corrompre; au lieu que, s'ils conservent le courage et la piété dans le malheur, ils obtiennent toujours à la fin une récompense, comme tu peux le voir dans l'histoire de ce même Joseph.

Marianne se retira fort touchée de cet entretien ; et depuis ce jour elle ne cessait de rendre grâce à Dieu de lui avoir donné un père dont la piété pouvait obtenir du ciel pour elle-même tant de secours dans ses peines, à des jouissances si pures du bonheur que l'on goûte au sein de la vertu.

—————◆◁❂▷◆—————

LA RESIGNATION.

Après avoir passé joyeusement la soirée avec sa famille, M. de Romé s'était couché fort satisfait, et il goûtait depuis quelques heures les douceurs d'un paisible sommeil, lorsqu'il fut tout-à-coup réveillé par un bruit sourd qu'il entendait autour de lui. Il ne pouvait d'abord comprendre d'où cela pouvait provenir. Enfin, lorsqu'il eut bien ouvert les yeux, il vit sa maison toute en feu, et les flammes qui pénétraient déjà dans sa chambre par les fenêtres. Il se jeta précipitamment hors de son lit, réveilla son épouse, prit dans ses bras sa petite Eugénie, son fils Amédée par la main, et s'échappa devant les tourbillons de flammes et de fumée qui le poursuivaient. Il ne put sauver rien de plus. Ses habits, ses meubles, son argent, tout fut consumé. A peine venait-il de passer le seuil de la porte, que les planchers et la charpente s'écroulèrent avec un fracas épouvantable.

Ce pauvre homme, sa femme et ses enfants se

trouvaient ainsi demi-nus au milieu d'une foule de
peuple qui accourait de tous les côtés pour éteindre
l'incendie. On entendait claquer leurs dents, et
leurs genoux se heurter l'un contre l'autre, de froid
et de frayeur. Dans le premier saisissement, M. de
Romé ne savait quel parti prendre. Enfin il se rappela qu'il avait un cousin à l'autre extrémité de la
ville, et il se hâta d'aller lui demander un refuge
pour sa famille et pour lui-même.

Ils en furent accueillis de la manière la plus pré-
venante. Aussitôt que la maîtresse de la maison les
vit dans un état si déplorable, elle courut chercher
des vêtements qu'elle leur présenta. Elle fit allumer
un grand feu pour les pauvres enfants à demi tran-
sis, et leur fit prendre avec beaucoup de peine quelques gouttes d'une liqueur propre à ranimer leurs
forces.

Le lendemain M. de Romé se leva fort tard, parce
que l'agitation de la nuit précédente l'avait empê-
ché, jusqu'au point du jour, de prendre le moindre
repos. Il courut aussitôt au lit de ses enfants. Ils
étaient déjà éveillés, et ils pleuraient. Ce spectacle
lui serra tristement le cœur. Il les embrassait sans
pouvoir proférer une parole. Enfin, ayant rassemblé
toutes ses forces pour surmonter son trouble, il leur
dit : « Mes chers enfants, pourquoi pleurez-vous ? »

EUGÉNIE.

Ah ! mon papa ! mes robes, mes joujoux, tout est brûlé !

M. DE ROMÉ.

Ne vous reste-t-il donc rien ?

AMÉDÉE.

Rien ! rien au monde.

M. DE ROMÉ.

Regardez-moi, mes enfants, et dites ensuite si rien ne vous est resté.

EUGÉNIE.

Ah ! mon frère, il nous reste notre papa et notre maman.

M. DE ROMÉ.

Il vous reste donc beaucoup encore. Nous ne vous abandonnerons jamais. Nous partagerons avec vous jusqu'à notre dernier morceau de pain. Combien vous avez risqué de nous perdre ! Qui peut vous avoir sauvés de ce malheur ?

EUGÉNIE.

Il n'y a que Dieu, mon papa.

M. DE ROMÉ.

Tu as raison. Ce Dieu qui veille sur les petits oiseaux a pris aussi mes enfants sous sa garde. Ainsi donc, pourquoi pleurez-vous, puisque Dieu s'est déclaré votre protecteur ? N'est-ce pas lui qui m'avait fait présent de mes biens et de ma maison ?

AMÉDÉE.

Il est vrai. Mais pourquoi vous les a-t-il enlevés?

M. DE ROMÉ.

Ce n'est pas à moi de lui demander compte de ses desseins. Il a fait connaître sa volonté, je dois m'y soumettre en silence.

EUGÉNIE.

Sa volonté, mon papa? Dieu peut donc vouloir quelque chose de méchant?

M. DE ROMÉ.

Non, ma fille, il ne le peut pas. Ainsi, puisqu'il m'ôte les biens qu'il m'avait donnés, il faut que cette perte entre dans la sagesse de sa providence, et puisse vous être utile.

AMÉDÉE.

Vous m'avez permis, mon papa, de vous dire ma pensée dans toutes les occasions. Je ne puis croire que l'incendie de notre maison puisse nous être utile en quelque chose. Si cela était, vous ne seriez pas si triste vous-même.

M. DE ROMÉ.

Ne te souviens-tu pas que je brisai une fois ton tambour? Pensais-tu alors que cela fût bon à quelque chose pour toi?

AMÉDÉE.

Non pas dans le premier moment; mais je compris ensuite que c'était pour mon bien, parce que ce

tambour me rendait importun à tout le monde, et
m'exposait souvent à vous désobéir.

M. DE ROMÉ.

Pourquoi ne le compris-tu pas tout de suite?

AMÉDÉE.

C'est que j'étais un enfant.

M. DE ROMÉ.

Eh bien ! mon ami, les hommes ne sont que des
enfants devant Dieu. Je suis triste d'avoir perdu mes
biens, parce que je ne sais pas encore à quoi ce
malheur peut être bon pour moi. Mais un jour je
comprendrai sûrement qu'il n'est arrivé que pour
mon avantage.

EUGÉNIE.

Ah ! si je le croyais, je m'en serais bientôt consolée.

M. DE ROMÉ.

Vous pouvez le croire, mes enfants. Mais voyons,
consultons-nous. Dans la situation où je me trouve,
ne sachant plus comment vous nourrir, que dois-je
faire ?

AMÉDÉE.

Il faut s'adresser à notre cousine, et la prier de
nous garder dans sa maison.

M. DE ROMÉ.

Mais puis-je lui demander qu'elle vous nourrisse
et qu'elle vous entretienne ?

EUGÉNIE.

Pourquoi non ? n'est-elle pas notre cousine ? Et n'en auriez-vous pas fait autant à sa place ?

M. DE ROMÉ.

Il est vrai; mais elle a elle-même trois enfants; et elle n'est pas à beaucoup près si riche que je l'étais encore hier au soir.

AMÉDÉE.

Je ne sais donc plus à qui nous pouvons nous adresser.

M. DE ROMÉ.

As-tu déjà oublié qui m'avait donné ma maison ?

AMÉDÉE.

C'est Dieu.

EUGÉNIE.

Ah ! mon papa, je vois bien que c'est à lui seul qu'il faut avoir recours.

M. DE ROMÉ.

C'est aussi ce que je veux faire. Je le prierai, à chaque instant, dans mon cœur, et je lui dirai : Dieu de bonté ! tu nourris les petits oiseaux, donne-moi aussi le moyen de nourrir les chers petits que tu m'as donnés.

EUGÉNIE, *l'embrassant.*

Oh ! que vous êtes bon, mon papa !

AMÉDÉE.

Est-ce que vous n'avez pas toujours prié Dieu de
cette manière ?

M. DE ROMÉ.

Toujours, mon ami, comme tu viens me prier,
tous les matins, de te donner à déjeuner. Mais te
souviens-tu de ce qui t'arriva l'année dernière, lorsque tu sortis de si bonne heure avec mon domestique, pour aller voir passer un régiment à une lieue
d'ici ? La foule vous sépara ; la neige te surprit, tu
perdis ta route, et tu revins fort tard à la maison,
tout transi de froid et mourant de faim. Il me semble
que tu me demandas alors ton déjeuner d'un autre
ton qu'à l'ordinaire.

AMÉDÉE.

Il est vrai, je me le rappelle. Je vous le demandai avec beaucoup plus d'instances. C'est que je sen-
tais un besoin qui me dévorait.

M. DE ROMÉ.

Et moi aussi, quand je considérerai le besoin où
nous nous trouvons, j'en prierai Dieu avec plus de
zèle et de ferveur. Qui vaut le mieux pour nous, sa
grâce, ou les biens que j'ai perdus ?

EUGÉNIE.

Il n'y a pas à balancer, mon papa.

M. DE ROMÉ.

Tu as raison ; car tous les biens du monde ne peu-

vent rendre ma vie heureuse, ni me consoler et me
tranquilliser à la mort; au lieu que la grâce de Dieu
peut opérer tout cela. Si, par la perte de mes biens,
le Seigneur n'avait voulu que m'attacher plus étroitement à lui, et me pénétrer avec plus de force de la
crainte de l'amour que je lui dois, cette perte ne tour-
nerait-elle pas à mon avantage ?

AMÉDÉE.

Je vous avouerai, mon papa, que je ne puis encore
le comprendre.

M. DE ROMÉ.

Tu le comprendras mieux dans la suite de cet entretien. As-tu oublié les reproches que je t'ai faits
quelquefois, lorsque tu laissais croître de mauvaises
herbes dans le petit jardin que je t'avais donné à
cultiver ?

AMÉDÉE.

O mon papa ! de quoi me parlez-vous ? Mon pauvre jardin, le voilà maintenant tout bouleversé ! il
n'est plus couvert que de pierres et de chardons.

M. DE ROMÉ.

J'espère que nous parviendrons encore à le
rétablir. Mais, dis-moi sincèrement, pourquoi négli-
geais-tu si souvent la culture de ton jardin ?

AMÉDÉE.

Je pensais que je n'avais pas besoin de m'exercer
au travail, puisque vous étiez riche.

M. DE ROMÉ.

En cela tu pensais assez légèrement. Le travail nous donne de la force, de l'appétit et de la santé; il nous garantit de l'ennui, et rend notre sommeil plus doux et plus profond. C'est pour jouir de ces bienfaits que tous les jours, au moins pendant deux heures, je travaillais, soit dans mon jardin, soit sur mon tour, quoique je fusse riche. Si tu avais renoncé à ton travail, tu serais devenu faible, tu aurais perdu l'appétit et la gaîté, tu n'aurais qu'un sommeil lourd et pénible. Avec toute la richesse que tu me supposais, aurais-tu été heureux ?

AMÉDÉE.

Hélas ! non, sûrement. A quoi sert l'argent, si l'on n'a pas de santé pour en jouir ? A quoi sert un bon lit, si l'on n'a pas de sommeil ?

M. DE ROMÉ.

A présent que tu me me vois pauvre, ne reprendras-tu pas le travail avec plus d'ardeur ?

AMÉDÉE.

Oui, sans doute ; j'y serai bientôt endurci.

M. DE ROMÉ.

Es tu en seras plus frais et plus sain. Tu vois maintenant comme la perte même de nos biens peut nous être utile

AMÉDÉE.

Je commence à le mieux comprendre.

Un domestique vint leur dire en ce moment que
le déjeuner était servi. Ils passèrent dans le salon,
et lorsque la malheureuse famille eut recouvré des
forces dans ce repas, M. de Romé pria sa cousine de
lui permettre d'aller faire une petite promenade dans
'p jardin avec ses enfants. Après quelques tours d'allée, Amédée et Eugénie parurent reprendre un peu
de gaîté. C'était au commencement de l'automne.
Les arbres courbaient sous le poids de leurs fruits.
On voyait ici des pêches d'un rouge foncé; là des
pommes d'api du plus beau vermillon; plus loin des
noisettes rembrunies, sortant de leurs vertes enve-
loppes. Le long d'une muraille exposée au midi s'é-
tendait une treille de muscat dont les grappes dorées
attiraient les regards des enfants, et leur faisaient
venir l'eau à la bouche. M. de Romé, les voyant en
des dispositions si favorables, leur dit

—O mes amis, le beau jardin! quels fruits délicieux
je vois pendre à ces arbres et à ces treilles! savez-
vous qui les a cultivés?

EUGÉNIE.

C'est notre cousin lui-même. Je l'ai vu souvent à
l'ouvrage dans ses heures de délassement. J'étais un
jour auprès de lui lorsqu'il faisait jouer sa serpette.
Vois-tu, me dit-il, ma chère Eugénie! c'est là qu'il
viendra de beaux raisins. Si tu viens me voir cet
automne, je t'en donnerai tant que tu voudras.

M. DE ROMÉ.

Oui, mes enfants, c'est votre cousin qui tient ce jardin dans ce bon état où vous le voyez. Si votre cousin avait été paresseux, les treilles n'auraient pas tant porté de muscats, les arbres auraient été rongés par la mousse et par les chenilles; dans ces carrés où vous voyez de si belles laitues, il ne serait venu que des herbes sauvages. Pour moi, vous le savez, je travaillai sans relâche toute l'année dernière dans mon jardin; cependant il ne vint que peu de fruits, et les raisins n'acquirent pas leur parfaite maturité. D'où cela venait-il?

AMÉDÉE.

Vous nous dîtes alors, mon papa, que c'était à cause des fortes gelées du printemps et des pluies continuelles de l'été.

M. DE ROMÉ.

Et qui envoie sur la terre les pluies et les gelées?

EUGÉNIE.

C'est Dieu.

M. DE ROMÉ.

Si le dernier printemps avait été aussi froid, et l'été aussi humide, aurions-nous vu une si grande abondance?

AMÉDÉE.

Non, certainement.

M. DE ROMÉ.

Et cette douce abondance, à qui la devons-nous ?

EUGÉNIE.

A celui qui nous avait envoyé la stérilité.

M. DE ROMÉ.

Vous voyez donc ce que Dieu fait par sa puissance.
Il vous a refusé des fruits l'année dernière, et il
vous les donne cette année avec largesse. Il m'a dé-
pouillé de mes biens : ne peut-il pas me les rendre
comme il me les a ravis ?

AMÉDÉE.

Rien ne doit être si aisé au maître de la terre.

M. DE ROMÉ.

Je me repose dans cette douce confiance. N'avez-
vous rien lu dans la Bible d'un homme qui avait
perdu tous ses biens, et qui, par la bénédiction du
Seigneur, en reçut dans la suite plus qu'il n'en avait
perdu ?

AMÉDÉE.

Il me semble que c'est Job.

M. DE ROMÉ.

Oui, c'est ainsi qu'il s'appelait. Mais pourquoi Dieu
lui fit-il la grâce de le rendre plus riche qu'il ne l'a-
vait jamais été ?

AMÉDÉE.

C'est qu'il avait eu la patience et la piété.

M. DE ROMÉ.

Soyons donc aussi pieux et patients. Prions avec ferveur, travaillons avec courage ; et non-seulement Dieu nous soutiendra dans nos peines, mais encore il en fera bientôt couler pour nous une source de joie.

AMÉDÉE.

Oh ! si je pouvais le croire, comme j'aurais peu de regret de tout ce que nous avons perdu !

EUGÉNIE.

Et moi donc ! Mais, mon papa, pourquoi pensez-vous que Dieu fera de si bonnes choses en notre faveur ?

M. DE ROMÉ.

Parce que je me fonde sur ses promesses, et qu'il dit lui-même dans l'Ecriture : Envoyez tous vos soucis vers le Seigneur ; car il ne songe qu'à vous.

La confiance religieuse de M. de Romé ne fut point trompée. Il vit la promesse de Dieu s'accomplir d'abord sur ses enfants. Eugénie et Amédée reçurent l'instruction la plus utile du malheur qu'ils avaient éprouvé. Ils se livrèrent avec une ardeur incroyable à l'étude ; et ils employaient tout le temps de leurs plaisirs à soulager leurs parents dans les travaux de la maison. Leurs prières furent aussi plus ferventes qu'à l'ordinaire ; car ils voyaient qu'ils n'avaient plus rien à espérer que la faveur du ciel.

Ils eurent encore deux ans à passer dans la peine, mais leur constance ne se démentit jamais dans cette longue épreuve. Après avoir rassemblé tous les débris de sa fortune, M. de Romé se retira dans un petit appartement à l'extrémité d'un faubourg. La médiocrité de ses revenus aurait à peine suffi à un autre pour faire subsister sa famille : mais par sa tempérance et son économie il sut encore y trouver de quoi pourvoir à l'éducation de ses enfants. Les hommes avaient oublié ses services, et aucun ne songeait à s'intéresser pour lui; la Providence s'était réservé tout le soin de sa destinée. Elle venait de placer dans le ministère un homme vertueux, mieux instruit que personne des talents et de la droiture de M. de Romé. Le premier usage qu'il fit de la confiance du prince fut de lui présenter cet homme respectable pour un emploi distingué qui venait de vaquer dans son trésor. Instruits à l'école du malheur, M. de Romé ni ses enfants ne perdirent le fruit de ses leçons dans l'ivresse de la prospérité ; et leurs jours coulèrent heureux dans l'oubli de l'indifférence des hommes, et le souvenir tendre et constant des bienfaits de Dieu.

LA PRIÈRE.

Le jeune Théophile avait reçu de son père, le jour de sa fête, un petit livre orné d'estampes qui renfermait diverses instructions pour les enfants, d'après quelques passages choisis de l'Ecriture.

Théophile fut si satisfait de son livre que, dès le premier jour, il en lut avec attention une grande partie. Il fut frappé surtout de ce passage :

« Le Seigneur est auprès de ceux qui l'invoquent du fond du cœur. Il exauce les prières de ceux qui le craignent, et se plaît à les secourir. » (*Ps.* 144, *v.* 19.)

Cette lecture le rendit rêveur. La tête pensivement appuyée sur sa main, il se disait à lui-même : Moi, je vis dans la crainte de Dieu ; moi, je le prie tous les jours, et cependant il n'exauce pas mes prières. Pendant un mois tout entier que ma grand'maman a été malade, je le priais sans cesse pour el e, et cependant il me l'a enlevée. Son père étant entré dans sa chambre, le surprit dans ces pensées, ce qui donna lieu à l'entretien suivant.

M. DE BEULIÈRES.

Pourquoi donc es-tu si rêveur, mon cher Théophile?

Est-ce que tu ne serais pas satisfait de mon petit cadeau ?

THÉOPHILE.

Je vous demande pardon, mon papa, j'en suis très content.

M. DE BEULIÈRES.

Je te vois cependant un air bien sérieux.

THÉOPHILE.

C'est que je trouve ici un passage que je n'entends pas.

M. DE BEULIÈRES.

Voyons. Quel est-il ?

THÉOPHILE.

« Le Seigneur exauce les prières de ceux qui le craignent. »

M. DE BEULIÈRES.

Qu'y a-t-il là de si difficile à comprendre ?

THÉOPHILE.

C'est que je le crains aussi, moi. Cependant je ne le vois point exaucer mes prières.

M. DE BEULIÈRES.

Cela m'étonne. Je ne demande rien à Dieu que je ne l'obtienne. Qu'est-ce donc que tu lui as demandé, et qu'il t'a refusé ?

THÉOPHILE.

De ne pas laisser mourir ma grand'maman.

M. DE BEULIÈRES.

Comment l'as-tu prié?

THÉOPHILE.

Voici mon petit livre de prières : eh bien ! je l'ai récité deux fois d'un bout à l'autre.

M. DE BEULIÈRES.

Y a-t-il dans ce livre quelque prière pour une grand'maman malade?

THÉOPHILE.

Non, mon papa.

M. DE BEULIÈRES.

Si tu avais envie d'aller à la promenade, viendrais-tu, pour m'en demander la permission, me réciter les beaux compliments que tu m'as faits à la nouvelle année ou le jour de ma fête?

THÉOPHILE, *souriant*.

Oh que nenni !

M. DE BEULIÈRES.

Et pourquoi pas?

THÉOPHILE.

C'est qu'il n'y a pas là de permission pour aller se promener.

M. DE BEULIÈRES.

Et pourquoi donc, lorsque tu voulais prier pour la maladie de ta grand'maman, as-tu récité deux fois tout de suite un livre de prières où il n'y a pas un seul mot de grand'maman ni de guérison?

THÉOPHILE, *après un moment de réflexion.*

Je vois à présent que je m'y suis mal pris. J'aurais dû me faire faire exprès, par mon précepteur, une prière de grand'maman, et je l'aurais récitée tant de fois, tant de fois....

M. DE BEULIÈRES.

Mais si tu voulais aller à la promenade, comme je te le disais tout-à-l'heure, qui est-ce qui te ferait une prière pour m'en demander la permission?

THÉOPHILE.

Personne.

M. DE BEULIÈRES.

Et quand personne ne te compose ta prière, comment fais-tu pour me demander quelque chose?

THÉOPHILE.

Je parle comme les paroles me viennent, de cœur, et tout de suite. Je sais que vous êtes bon, et que vous me pardonnerez si je n'arrange pas bien mes mots.

M. DE BEULIÈRES.

Voyons, pour aller te promener, ce que tu me dirais de toi-même?

THÉOPHILE.

Je ·s dirais : Mon papa, voyez le beau temps qu'il t ..t aujourd'hui. Voudriez-vous bien me permettre d'aller faire un petit tour de promenade? Je

n'irai pas plus loin, et je ne resterai pas plus longtemps que vous me l'aurez permis.

M. DE BEULIÈRES.

Et penses-tu que je fisse difficulté de t'accorder
ce que tu me demanderais?

THÉOPHILE.

Non, mon papa, si vous n'aviez pas quelque raison particulière pour me retenir à la maison.

M. DE BEULIÈRES.

Tu ne crois donc pas que Dieu t'aime autant que
moi?

THÉOPHILE.

Il m'aime encore bien davantage. Je me souvien-
drai toujours de ce que vous m'avez dit fort souvent:
que tout le bien que vous me faites vient de lui, et
qu'il prendrait soin de moi si j'avais le malheur de
vous perdre.

M. DE BEULIÈRES.

Oui, mon fils, tes yeux, ta bouche, tous tes membres, c'est lui qui te les a donnés. Il doit t'aimer bien
tendrement pour t'avoir ainsi comblé de ses dons.
Pourquoi donc n'oses-tu lui adresser de toi-même
des prières?

THÉOPHILE.

C'est que Dieu est le seigneur le plus grand, le
plus puissant...

M. DE BEULIÈRES.

Sans doute. Mais si le roi était ton père, est-ce que tu n'oserais pas t'entretenir avec lui comme tu t'entretiens avec moi ?

THÉOPHILE.

Oh ! je crois que je l'oserais.

M. DE BEULIÈRES.

Eh bien ! Dieu n'est-il pas ton père aussi ? Ne récites-tu pas tous les jours la prière qu'il nous a enseignée lui-même, et dans laquelle il veut que nous l'appelions notre père ?

THÉOPHILE.

Oh ! désormais je lui parlerai avec confiance, comme j'ai coutume de vous parler.

M. DE BEULIÈRES.

Rien ne lui plaît comme l'entretien des enfants. Si ta grand'maman vivait encore, quelle prière lui adresserais-tu pour elle ? Voyons.

THÉOPHILE.

Je lui dirais : Mon Dieu, faites que ma grand'maman ne meure pas. Elle m'aime tant ! C'est elle qui m'a appris à lire, et qui m'explique toutes mes belles estampes. Elle me punit quand je suis paresseux ou méchant ; mais aussi elle me récompense lorsque j'ai été attentif à mes leçons, ou que je me suis bien comporté envers les autres. Ah ! ne la laissez pas mourir, je vous prie.

M. DE BEULIÈRES.

Je suis sûr, mon fils, que cette prière aurait été fort agréable à Dieu.

THÉOPHILE.

Si je l'avais prié comme cela, n'est-ce pas que ma grand'maman ne serait pas morte?

M. DE BEULIÈRES.

Avant que je te réponde, répète-moi encore ce passage qui t'avait rendu si rêveur.

THÉOPHILE.

« Dieu exauce les prières de ceux qui le craignent. »

M. DE BEULIÈRES.

Quels sont ceux que Dieu exauce, dis-tu?

THÉOPHILE.

Ceux qui le craignent.

M. DE BEULIÈRES.

Tu le crains donc, toi?

THÉOPHILE.

Oh! oui! je tremble quand il fait du tonnerre; et quand j'entends siffler l'ouragan, je ne sais où me cacher.

M. DE BEULIÈRES.

Germain, ce domestique que j'ai renvoyé, était précisément comme toi. Est-ce qu'il craignait Dieu, ce garçon-là?

THÉOPHILE.

Je n'en crois rien.

M. DE BEULIÈRES.

Pourquoi donc ?

THÉOPHILE.

C'est qu'il jurait à faire pour, et qu'il n'obéissait
ni à maman ni à vous.

M. DE BEULIÈRES.

Et pour vivre dans la crainte de Dieu, ne faut-il
qu'avoir peur de l'ouragan et du tonnerre ?

THÉOPHILE.

Je vois à présent que ce n'est point encore assez.

M. DE BEULIÈRES.

Que faut-il donc de plus ?

THÉOPHILE.

Il faut lui obéir.

M. DE BEULIÈRES.

Et toi, lui obéis-tu ?

THÉOPHILE.

Ah ! vraiment ! pas toujours.

M. DE BEULIÈRES.

Si tu voulais donc commencer bien sincèrement à
vivre dans la crainte de Dieu, que te faudrait-il ?

THÉOPHILE.

Savoir lui obéir.

M. DE BEULIÈRES.

Est-il rien de plus facile que d'obéir à Dieu ?

THÉOPHILE.

Oh! cela ne doit pas être si aisé! Tous les jours je lui promets de le faire, et il se trouve toujours que je lui ai désobéi. C'est comme à vous, mon papa.

M. DE BEULIÈRES.

Hier encore, ton précepteur te reprochait de n'avoir pas bien répété la leçon qu'il t'avait expliquée.

THÉOPHILE.

C'est que mon cousin était venu me troubler.

M. DE BEULIÈRES.

Avant-hier tu t'échappas du logis sans ma permission.

THÉOPHILE.

C'était pour aller joindre mon cousin.

M. DE BEULIÈRES.

Il ne manquera pas sûrement de revenir aujourd'hui pour te tenter encore. Comment feras-tu s'il veut t'engager à manquer à tes devoirs?

THÉOPHILE.

Je prierai Dieu de ne pas permettre que je lui désobéisse.

M. DE BEULIÈRES.

Et comment le prieras-tu?

THÉOPHILE.

Mon Dieu, donnez-moi le désir d'être sage, et ne permettez pas que mon cousin me fasse faire le mal.

6

M. DE DRULIÈRES.

Mais n'y a-t-il que ton cousin qui t'ait jamais engagé à mal faire ?

THÉOPHILE.

Oh ! pardonnez-moi. Le petit Léon m'a mené quelquefois dans son jardin pour l'aider à voler des pommes, et puis Germain, qui m'apprenait à jurer pour se faire rire.

M. DE DRULIÈRES.

Ainsi je vois qu'il te faut encore ajouter quelque chose à ta prière.

THÉOPHILE.

Oui, mon papa ; je dois dire : Mon Dieu, ne permettez pas que personne m'engage à faire le mal.

M. DE BEULIÈRES.

Il y a six semaines que tu étais malade. Tu priais alors le médecin de te rendre la santé. T'en souviens-tu ? Qu'est-ce qu'il te répondit ?

THÉOPHILE.

Oui, je le ferai volontiers, mon petit ami. Mais il faut avaler tout de suite cette médecine. N'allez pas surtout vous découvrir. Tenez-vous chaudement, et soyez bien tranquille, de peur que la fièvre ne vous reprenne.

M. DE BEULIÈRES.

Si tu n'avais pas voulu faire ce qu'il demandait, aurais-tu recouvré la santé ?

THÉOPHILE.

Oh ! non, sûrement.

M. DE BEULIÈRES.

Dieu nous a proscrit de même ce qu'il faut faire
pour lui obéir. Te souviens-tu de ce que je t'ai dit à
ce sujet ?

THÉOPHILE.

Je ne l'ai pas oublié. Il faut toujours s'occuper de
lui, songer au plaisir qu'il y a de faire le bien, et à
ce qu'il en coûte de faire le mal.

M. DE BEULIÈRES.

Ton cousin n'aurait qu'à venir actuellement pour
t'exciter à faire une mauvaise action.

THÉOPHILE.

Ah ! mon papa ! je penserais aux reproches que je
mériterais de votre part pour l'avoir écouté.

M. DE BEULIÈRES.

Fort bien, mon ami : mais si tu priais Dieu de te
rendre obéissant, et que tu ne voulusses rien faire
de ce qu'il faut pour l'être, crois-tu que ta seule
prière pût produire un grand effet ?

THÉOPHILE.

Non, je ne le crois pas.

M. DE BEULIÈRES.

Ainsi, tu vois, mon fils, pourquoi Dieu exauce si
rarement les prières des hommes. Car ou elles ne
consistent que dans le récit précipité de quelques

formules qui conviennent aussi peu aux circonstances que ton livre d'oraison à la maladie de ta grand'-maman, ou bien ils n'ont aucune véritable crainte de Dieu ; ou enfin ils ne font rien de ce qu'il serait nécessaire de pratiquer pour obtenir ce qu'ils demandent.

On vint dans ce moment annoncer à M. de Beulières qu'un étranger voulait lui parler. Il interrompit l'entretien, et promit de le reprendre le jour suivant.

Théophile était fort satisfait de voir tous ses doutes si bien éclaircis. Plein de reconnaissance et de joie, il se jette à genoux, et fait cette prière : Mon Dieu, comme je me réjouis de ce que je vous suis cher, plus cher encore qu'à mon papa! Ah ! si j'étais parfaitement bon ! si j'obéissais en toutes choses! Donnez-moi le désir et la force de me préserver de tous ceux qui voudraient m'engager à devenir méchant. Oui, mon Dieu, je veux faire ce qui est en mon pouvoir pour que vous m'accordiez la grâce de me soumettre à vos volontés.

A peine eut-il fini sa prière qu'il se trouva beaucoup plus gai et plus porté vers le bien qu'il ne l'était auparavant. Il se mit promptement à étudier la leçon qu'il devait réciter le lendemain ; et comme il s'en occupait avec plaisir, il remarqua qu'il l'apprenait avec une extrême facilité.

Pendant qu'il était livré tout entier à l'étude, arrive son cousin Deshayes, qui ne manqua pas de lui proposer, selon sa coutume, quelques nouvelles polissonneries. Théophile trouva d'abord l'idée assez drôle : cependant il lui vint aussitôt dans l'esprit qu'il ne serait pas bien de laisser là son ouvrage pour aller jouer. —Mon cher cousin, lui dit-il, je suis fâché de ne pouvoir te suivre ; mais dans ce moment ce que tu me demandes est impossible. Tiens, dès que j'aurai fini mon devoir, je suis à toi.

—Ne vous pressez pas, Monsieur, lui répondit Deshayes d'un ton ironique. Vous pouvez rester toute la journée cloué sur vos livres.

— Eh bien ! mon cher cousin, j'y resterai toute la journée s'il le faut. Je te prie seulement de ne pas m'interrompre, et de me laisser tranquillement apprendre ma leçon.

M. Deshayes ne s'attendait pas à cette fermeté. Il tire sur lui la porte de toutes ses forces, et se retire honteux et chagrin. Théophile, au contraire, s'applaudit d'avoir résisté à des instances si séduisantes et à son propre penchant. Il sut fort bien s'amuser tout seul le reste du jour ; et il se mit au lit en rendant grâce à Dieu de ce qu'il l'avait exaucé d'une manière si évidente.

Le lendemain il se leva de bonne heure, couru trouver son père dans le jardin. —Mon cher papa, lui dit-il, je sais à présent que Dieu exauce les prières de ceux qui le craignent. Il m'a donné le désir de faire le bien, et la force d'éviter le mal. J'ai trouvé du plaisir à apprendre mes leçons. Deshayes est venu me tourmenter, quand je faisais mes devoirs, pour aller jouer avec lui, et moi j'ai été assez ferme pour le renvoyer.

M. de Beulières, attendri, l'embrassa. — Courage, mon enfant, lui dit-il. Continue, mon cher Théophile. Sois toujours aussi fidèle à ta promesse, et Dieu te bénira de plus en plus. Tu verras un jour que ceux qui le craignent sincèrement ne l'ont jamais prié en vain.

THÉOPHILE.

Ainsi donc, si je l'avais prié de cette manière pour ma grand'maman, je n'aurais pas eu le malheur de la voir mourir ?

M. DE BEULIÈRES.

Je répondrai à ta question après que tu auras satisfait à celle que j'ai à te faire.

THÉOPHILE.

Avec plaisir, mon papa, si j'en suis capable.

M. DE BEULIÈRES.

Lorsque tu m'as demandé l'éclaircissement de quelques difficultés, ou l'explication d'une règle de la grammaire, t'ai-je refusé quelquefois?

THÉOPHILE.

Non, mon papa, jamais.

M. DE BEULIÈRES.

Et pourquoi ne t'ai-je jamais refusé ?

THÉOPHILE.

C'est que, par amitié pour moi, vous désirez que
jo m'instruise davantage.

M. DE BEULIÈRES.

Mais lorsque tu m'as demandé certaines friandises,
des habits de telle étoffe ou de telle couleur, as-tu
toujours été aussi heureux ?

THÉOPHILE.

Oh ! vraiment non.

M. DE BEULIÈRES.

Et pourquoi non ?

THÉOPHILE.

Vous me répondiez que vous saviez fort bien ce
qui pouvait me convenir. J'en étais d'abord affligé;
mais je voyais ensuite que vous aviez eu raison.
Aussi, dès que vous me refusez quelque chose, j'i-
magine aussitôt qu'elle n'est pas bonne pour moi.

M. DE BEULIÈRES.

Et n'aurais-tu pas la même confiance envers Dieu ?

THÉOPHILE.

Oh ! pardonnez-moi, mon papa. Il doit savoir encore mieux que vous ce qui me convient

M. DE BEULIÈRES.

Ainsi donc, pour lui demander une grâce, comment faut-il lui adresser ta prière? Supposons qu'aujourd'hui tu voulusses prier pour ta grand'maman, que lui dirais-tu?

THÉOPHILE.

Seigneur mon Dieu, si vous croyez que ce soit mon avantage, ne laissez pas mourir ma grand'-maman.

M. DE BEULIÈRES.

Mais tu ne dois pas prier uniquement pour toi. Tu dois aussi prier pour ta grand'maman.

THÉOPHILE.

Cela est vrai.

M. DE BEULIÈRES.

Et si elle traînait une vie accablée d'infirmités, si la mort devait terminer ses souffrances, pourrais-tu demander à Dieu que, pour l'amour de toi, il rendît ta grand'maman malheureuse?

THÉOPHILE.

Non, certes.

M. DE BEULIÈRES.

Ainsi, tu vois qu'il faut encore ajouter quelque chose à ta prière?

THÉOPHILE.

Oui; je dois dire : Mon Dieu, si c'est mon avan-

tage et celui de ma grand'maman, laissez-la vivre
encore, je vous en supplie.

M. DE BEULIÈRES.

Si tu l'avais prié de cette manière, et que cependant ta grand'maman fût morte, que penserais-tu de
lui ?

THÉOPHILE.

Qu'il aurait vu, par sa sagesse, qu'une plus longue
vie n'était utile ni à elle ni à moi.

M. DE BEULIÈRES.

Pourrais-tu te plaindre avec justice de ce qu'il
n'aurait pas exaucé ta prière ?

THÉOPHILE.

Non, sans doute, puisque je ne l'aurais prié de
laisser vivre ma grand'maman qu'autant que ce serait son avantage et le mien.

M. DE BEULIÈRES.

Ainsi, tu vois, mon ami, que Dieu exauce toujours
les prières de ceux qui le craignent. Car, ou ils ne lui
demandent que la force de faire le bien, parce que
Dieu veut qu'ils soient bons; ou, s'ils lui demandent
quelque autre grâce, c'est toujours sous la condition
qu'il la juge nécessaire à leur bonheur. Ils savent que
c'est un père tendre qui les aime, et qui leur donne
de son gré tout ce qui peut leur être utile. Si quelquefois leurs vœux ne sont point exaucés, ils s'en
consolent et se disent à eux-mêmes : C'est que

Dieu a vu que cela ne nous serait pas avantageux.

Théophile ne tarda pas à profiter de cette instruction. Le matin, dès qu'il se réveillait, il priait Dieu de lui inspirer le désir de faire le bien ; et lorsqu'il se trouvait près de manquer à ses devoirs, il le priait de l'aider à se vaincre lui-même.

Il s'était accoutumé de bonne heure à penser à Dieu, et à se mettre en sa présence. Il se peignait sans cesse les douceurs attachées à une bonne action, et les chagrins que traînent à leur suite la paresse, l'orgueil, le mensonge et le libertinage. Enfin il devint si honnête, si sage et si vertueux, que tous les pères le proposaient pour modèle à leurs enfants.

Au bout de quelques années, son père tomba malade. Tous les jours il invoquait le Seigneur pour sa guérison. Le cœur gros de soupirs, et les yeux remplis de larmes, il lui disait : Dieu tout-puissant, que ta volonté soit faite ; mais si la vie de mon papa nous doit être utile à l'un et à l'autre, daigne prolonger ses jours, même aux dépens des miens.

Son père mourut. Ah ! qu'il en fut affligé ! Cependant il s'écriait avec quelque consolation, dans l'excès même de sa douleur : Le Dieu de bonté ne m'aurait pas enlevé mon père, sans quelque vue secrète de sa providence. Sans doute il a voulu le récompenser de ses vertus, et il ne m'a privé de ses

tendres secours que pour me montrer que c'est lui
seul qui est mon véritable père.

Théophile avouait souvent à ses amis que, par le
moyen de la prière, il s'était épargné bien des chagrins, et qu'il avait su adoucir ses infortunes. Il allait un jour de chaque semaine sur le tombeau de son
père ; et l'arrosant de ses larmes, il s'écriait : O
le meilleur de tous les pères ! toi qui sus m'apprendre à prier, que Dieu t'en récompense dans son soin
paternel !

L'HOSPITALITÉ.

Le jeune Daphnis se retirait un soir vers sa cabane
avec une chèvre qu'il avait gagnée au combat de la
flûte, dans une assemblée des bergers du voisinage.
Ayant retrouvé sur le bord du fleuve le petit bateau
qui lui avait servi le matin à le traverser, il y entra
avec la chèvre quinteuse ; mais dans la joie qu'il res-
sentait d'avance de présenter à sa famille le prix flat-
teur de sa victoire, il ne s'aperçut point que le
fleuve orageux roulait ses flots avec impétuosité
Déjà il était au milieu, lorsque poussé contre une

pointe de rocher, il rompit sa rame. Le fleuve alors
l'entraîna rapidement. La chèvre sauta hors du bateau et gagna la rive à la nage. Pour lui, il se voit
menacé à chaque instant d'être poussé contre les
écueils, où des flots furieux font entendre leurs mu-
gissements. Il semblait un tendre agneau qu'une
lionne féroce apporte à ses lionceaux, qui déjà rugis-
sent, en venant du fond de leur antre au-devant de
leur proie. Le fleuve ne le poussa cependant contre
aucun écueil ; il l'emporta seulement jusqu'au moment où l'obscurité de la nuit ne lui permit plus de
voir le rivage. Souvent il aperçut quelque faible
lueur sur la rive. Alors d'une voix alarmée il appelait à son secours, mais inutilement ; le fleuve l'en-
traînait avec trop de rapidité. Enfin une grande lumière frappa ses regards : cette lumière, dont il approchait avec vitesse, lui parut être dans un bateau,
sur le fleuve. Il éleva la voix, il appela du secours ;
et le bateau qui vint au-devant de lui arrêta le sien.

Deux hommes qui pêchaient, et qui, pour surprendre le poisson, l'éblouissaient par l'éclat d'un flam-
beau qu'ils avaient allumé, reçurent amicalement
Daphnis dans leur barque, et l'ayant conduit à bord,
le menèrent près de là dans leur cabane, dont les
murs étaient revêtus de filets humides. Daphnis y
trouva un homme vénérable par son âge, et vêtu
d'une manière extraordinaire. Certes, se disaient les

pêcheurs, nous sommes heureux aujourd'hui ! Voilà
deux étrangers que les dieux nous ont amenés : voilà
déjà deux fois qu'il nous ont procuré la joie de secourir des infortunés. Cependant l'un d'eux alla préparer des poissons pour leurs hôtes, et l'autre apporta du pain, du vin et des fruits. Le vieillard fit
asseoir à ses côtés Daphnis et le pêcheur bienfaisant.
Daphnis fut obligé de leur apprendre comment le
fleuve l'avait emporté : il leur conta ses frayeurs,
comment il avait vainement appelé du secours, et
comment il s'était réjoui en apercevant le bateau et
la lumière. C'est ainsi qu'ils s'entretenaient avec amitié (car comment l'amitié ne régnerait-elle pas parmi des infortunés rassemblés chez l'homme de bien
qui leur prête du secours, et qui rend grâce aux
dieux de les lui avoir amenés) ; c'est ainsi, dis-je,
qu'ils s'entretenaient avec amitié, jusqu'à ce que
l'autre pêcheur apporta, d'un air riant, un plat de
poissons apprêtés qu'il plaça sur la table, et il s'assit
aussi avec eux ; les deux pêcheurs prièrent leurs hôtes de manger. Oh ! mon père, dit l'un d'eux au
vieillard, ton vêtement est somptueux et extraordinaire, ton langage n'est pas semblable au nôtre ; il
faut que tes malheurs t'aient conduit des régions
lointaines. A ces mots, le vieillard soupira sans pouvoir répondre. Hélas ! reprit-il enfin, ce n'est pas
d'un pays bien éloigné que mes malheurs m'ont con-

duit ici; je suis de la ville de Crotone, où j'avais place dans le sénat. Mais, hélas! les chefs de ce sénat, qui devraient aimer les dieux, la vertu et la justice, se plongent dans la volupté, corrompent les mœurs du peuple, et sacrifient la vertu et la justice à leurs intérêts et à leurs vices. Le peuple, toujours aveugle, est trompé : il adore ceux qui sapent les fondements de son bonheur. Je l'ai vu, et j'ai combattu pour la vertu et pour la justice; mais tous m'ont chargé de leur haine. Les calomnies qu'ils avaient eu l'art de semer parmi le peuple leur donnaient toute sûreté pour persécuter la droiture et l'innocence. Enfin ils m'ont exilé de la ville où j'ai reçu le jour. Justes dieux! si dans vos décrets vous avez résolu de lui faire éprouver quelques calamités, ah! calmez votre courroux, et rappelez ces calamités déjà près de ses murs coupables.

Ainsi parla le vieillard en soupirant, et il tomba dans un morne silence. Les autres, remplis d'une tendre pitié, se turent aussi. Ils parurent saisis d'horreur d'apprendre qu'il y eût au monde un lieu où la vertu et la droiture n'étaient pas à l'abri de l'injustice et du malheur; car il est douloureux à l'homme de bien d'apprendre que ses semblables sont injustes et vicieux. Les pêcheurs se mirent à consoler le vieillard; ils tâchèrent de l'amuser par des entretiens pleins de gaîté, et par le récit de différentes aventures, jusqu'à ce que le sommeil vint les inviter au repos.

Ce ne fut pas sans inquiétude que Daphnis passa la nuit; il pensait à son père, il sentait l'affliction que ce bon père devait avoir eue de ne pas voir arriver son fils. A peine le soleil du matin eut-il frappé de ses rayons dorés le toit couvert de mousse, que les pêcheurs et leurs hôtes se trouvèrent tous rassemblés. Le vieillard prit son bâton, il embrassa ses hôtes, et, les yeux mouillés de larmes : Les dieux, dit-il, récompenseront votre bienfaisance. Daphnis les embrassa à son tour; et laissant son bateau, il remonta le long du fleuve avec le vieillard. Il l'accompagna en marchant d'un pas lent; et le voyant fatigué, il le pria d'appuyer la main sur son épaule. A l'heure de midi, Daphnis chercha des yeux quelque ombrage où le vieillard pût se reposer; et l'ayant conduit sous un ormeau, il le quitta et alla chercher des fruits : il revint bientôt; et dès qu'ils se furent rafraîchis, ils continuèrent leur route. A l'approche du soir, Daphnis lui montra de loin sa cabane. Son père Amyntas y était, en proie à ses inquiétudes. Tristement assis, éclairé par la faible lueur d'une lampe, il s'occupait de son fils. Il entend quelque bruit, il voit son fils; et tout-à-coup, transporté de joie, il se lève en tremblant et se jette au cou de Daphnis. Mon fils, dit-il, ô mon fils!... C'est toi!... Que la nuit et le jour ont été tristes pour moi ! Apercevant alors le vieillard, il s'interrompt, et le salue gracieusement en lui serrant la main ; et Daphnis dit avec empressement à son père comment le fleuve l'avait entraîné, et comment les pêcheurs l'avaient sauvé. Il lui conte l'histoire du vieillard, et n'oublie pas le soin qu'il avait pris de lui, en lui servant de guide pour remonter le fleuve. Et son père l'écoutait avec extase, charmé de trouver dans son fils ces preuves de vertu et de commisération.

— O mon ami ! dit Amyntas au vieillard, dispose de tout ce que les dieux m'ont accordé ! que ma cabane te serve d'abri ! A ces mots, il le conduisit à un siége couvert d'une peau molle ; et ayant mis son bâton de côté, il le pria de se reposer, et s'assit auprès de lui.

— Ah ! quelle félicité ! reprit le vieillard, plein de surprise et de joie, quelle félicité de se trouver avec des gens vertueux ! O mes bons amis ! c'est chez vous que je la retrouve, l'aimable vertu que j'ai cherchée vainement dans le sein de ma patrie.

— Cher ami ! lui répond le père de Daphnis, ne mets pas au nombre des grandes vertus celle de secourir les infortunés. Celui qui ne le fait pas est un monstre. Pourquoi les dieux mettent-ils ma cabane sous leur protection ? Pourquoi répandent-ils la bénédiction sur mes arbres ? Est-ce pour que je demeure seul à mon aise dans ma cabane, tandis qu'il y a de la place et de l'ombre pour plusieurs? ou est-ce pour que je dissipe tout seul l'abondance des fruits qui font plier jusqu'à terre les branches de mes arbres? Ainsi s'entretenaient les vieillards, et, pendant ce temps, Daphnis avait couvert la table de lait, de pain et de fruits.

Bientôt ils allèrent tous goûter les douceurs du repos. Aristus (ainsi s'appelait le vieillard de Crotone), Aristus, un peu fatigué de la longue course de la journée, dormit d'un sommeil profond, jusqu'à ce qu'il fût réveillé par les airs que les bergers matineux jouaient sur leurs flûtes, en conduisant leurs troupeaux dans les pâturages. Il sortit alors de la cabane pour visiter la contrée; il monta sur une colline voisine, d'où il découvrait, dans l'éclat de la lumière du matin, une vaste région, des coteaux revêtus d'arbrisseaux; plus loin des montagnes azurées, des campagnes et des prairies couvertes d'arbres fruitiers, et des forêts de sapins, de chênes et de pins élevés. Dans le lointain, le fleuve roulait avec fracas ses flots mugissants au milieu des campagnes, des coteaux, des bocages et des rochers escarpés. Les ruisseaux d'alentour serpentaient plus doucement à travers le gazon, en produisant un petit gazouillement, ou tombaient agréablement en petites cascades, avec un peu plus de bruit. Une légion d'oiseaux chantait gaîment sur les rameaux humides de rosée, ou faisait retentir dans l'air son ramage éclatant et varié, auquel se mêlaient les flûtes des bergers et la voix des bergères, qui faisaient paître en société leurs troupeaux dans les prairies ou sur les collines d'alentour. Le vieillard étonné promenait ses regards incertains tantôt sur les objets les plus éloignés, tantôt sur les plantes et sur les fleurs qui exhalaient à ses pieds leurs parfums. Transporté de joie, sa poitrine s'enfla, et il exprima son ravissement par ces mots :

Quelle félicité ! quel torrent de volupté que mon cœur palpitant peut à peine comprendre ! O nature ! nature ! que tu es belle ! que tu as de charmes dans ta beauté ingénue, lorsque tu n'es pas défigurée par l'art des hommes mécontents ! Heureux le berger, heureux le sage qui vit ignoré du peuple, des grands, et qui goûte dans ces riantes campagnes tous les plaisirs que la nature modeste exige, et qu'elle nous procure ? Inconnu, il fait de plus belles actions que le conquérant et le prince, dont le vulgaire admire la pompe. Ah ! je te salue, paisible vallon ! je vous salue, fertiles coteaux ! Et vous, ruisseaux, prés fleuris, bocages solitaires et sombres, temples consacrés aux doux transports, aux graves méditations, je vous salue ! Que vous étalez de charmes à mes yeux dans cet éclat du matin ! La douce

joie et l'innocence me sourient de chaque colline
et de chaque prairie ; la tranquillité et le contentement habitent ces paisibles cabanes ; ils reposent sur
ces collines ou sur les bords des ruisseaux qui ser-
pentent, ou sommeillent à l'ombre des bocages char-
gés de fruits. Qu'il vous manque peu de chose, ô
bergers ! que vous êtes près du bonheur ! O vous,
qui fûtes assez malheureux pour abandonner la simplicité de la nature, espérant trouver un bonheur
plus varié ! insensés, qui nommez grossièreté les
mœurs de la riante innocence, qui appelez pauvreté
la modération dans les besoins que la nature satisfait
par ses inépuisables richesses ! vous avez beau
construire avec peine des tissus de bonheur, le
moindre souffle les détruira. Vous allez à la félicité
par des labyrinthes où vous errez sans cesse, toujours mécontents. Vous croyez être parvenus au
comble de la fortune ; vous vous précipitez dans les
bras séduisants de la fausse déesse ; vous y rêvez
quelques moments ; vous vous réveillez bientôt, et
vous trouvez que la face riante d'une harpie vous
avait fasciné les yeux. Vous n'aviez point vu son
dos hideux, ni ses ailes noires et tannées, avec les-
quelles elle secoue sur vous le dégoût et la terreur.
Et vous, qui gouvernez des provinces ; vous qui, du
haut des tours de vos palais, parcourez la terre d'un
regard insolent, et qui vous dites à vous-mêmes avec

orgueil : Tout ce que je vois est à moi ; cet empressement pénible des peuples est pour moi, car je suis
leur maître, et mon aspect les fait trembler; répon-
dez : pour qui les doux plaisirs coulent-ils du sein
de cette paisible retraite, de ces fertiles campagnes
et de toute la belle nature ? Pour qui les ruisseaux
font-ils entendre leur murmure ? Pour qui la fraîcheur des ombres et la chaleur du soleil ont-elles des
douceurs ravissantes ? Est-ce pour vous, monarques,
ou pour le pauvre berger qui repose sur l'herbe, entouré de son troupeau ? Il goûte le repos, et il respire le ravissement. Satisfait de ce qu'il possède, il
ignore qu'il est pauvre ; et quand il serait le maître
de toute la terre, pourrait-elle procurer plus de
plaisir à celui qui est déjà content? Cette admirable
et bienfaisante nature est pour lui une source inta-
rissable de plaisirs et de biens. Ni l'orgueil, ni l'ambition, ni la cupidité, ne le rendent mécontent de sa
fortune. Son esprit tranquille et son cœur droit ré-
pandent sans cesse les plaisirs devant lui, comme tu
répands, ô soleil du matin, l'éclat qui t'environne
sur les campagnes baignées de rosée. Ne soyez point
irrités, ô dieux ! si je me suis cru malheureux, et si
j'ai pleuré; si, en quittant Crotone, j'ai encore tourné
un œil mouillé de larmes vers les murs paternels,
c'est par un chemin sombre et fangeux que vous
m'avez conduit dans des campagnes délicieuses. Q

ruisseaux ! c'est sur vos bords que je vais goûter le repos : et vous, arbres, recevez-moi sous la fraîcheur de vos ombres. Cabanes rustiques, soyez ouvertes à un étranger qui va passer doucement sa vieillesse avec vos habitants, plus dignes d'envie que les rois. Coulez sans cesse, torrents de volupté ! Je vous apporte un esprit serein, et pur ; serein comme le ciel lorsqu'il n'est obscurci par aucun nuage ; pur comme un lac que les plus petits flots sillonnent à peine, et dans lequel se peignent le ciel et toute la contrée. Oui, paisibles ruisseaux, c'est près de vous que, plein de transport, plein de reconnaissance envers les dieux, je vais parcourir de la pensée tous les instants de ma vie. Heureux de n'avoir à frémir d'aucun crime, j'en ferai avec joie le sévère examen ! Mes jours s'écouleront ici comme vos ondes tranquilles ; ils se faneront doucement, comme se fane une rose qui exhale en mourant ses derniers parfums.

Ainsi parla le vieillard, pénétré du ravissement le plus délicieux ; et après avoir jeté encore une fois sur toute la contrée ses yeux remplis de larmes de joie, il descendit du coteau pour aller visiter de près une petite cabane qu'il avait aperçue au bout de la prairie.

Cependant Daphnis était aussi sorti pour jouir de la fraîcheur délicieuse du matin. Il marchait dans la

douce rosée, lorsqu'il vit un homme arrêté devant
une cabane voisine, et cet homme pleurait devant
celui à qui appartenait la cabane. Hélas! disait-il,
que je suis malheureux! Je ne le serais pas sans cet
enfant, qui joue là sur le gazon. Ah! cher et malheureux enfant! Mais non, tu n'es pas malheureux;
tu ris d'un air satisfait en jouant sur le gazon, et tu
ne pleures que quand tu me vois pleurer. Hélas! je
demeurais là-bas sur le penchant de cette montagne : ce printemps, mes arbres étaient couverts de
fleurs, et les productions de mon jardin venaient à
souhait, lorsqu'il survint tout-à-coup un orage; un
torrent formé par l'amas des eaux emporta ma cabane, mes arbres, mon jardin, et roula du limon et
des rochers dans l'endroit où fleurissait l'espoir de ma
subsistance.

Daphnis gémit en passant : Béni soit l'homme, dit-
il, qui assiste les infortunés! les dieux le voient et
ils le bénissent. Mais, ô dieux! pourquoi suis-je pauvre? J'ai vu, hélas! j'ai vu l'infortuné! Mon cœur
a été ému de pitié et de douleur de ne pouvoir le
secourir! Ah! pourquoi suis-je pauvre, ô dieux!

Il rentra tout triste dans sa cabane, et il achevait
de raconter à son père ce qu'il venait d'entendre,
lorsque Aristus survint; et, les prenant par la main,
il les conduisit dans un endroit délicieux, que des arbres fruitiers ornaient tout à l'entour de leurs ombra-

ges verdoyants. De la cime du coteau on pouvait parcourir des yeux toute la contrée. Une herbe grasse et haute couvrait les petits sillons, dans lesquels on introduisait, à travers la prairie, l'onde bienfaisante d'un ruisseau rapide, qui descendait en murmurant entre les ronces et les vignes sauvages. De l'autre côté du coteau, une campagne cultivée s'étendait au loin dans la plaine, et au bas était construite une cabane et un pressoir ; et sur le devant, une feuillée de sureaux ombrageait les bancs de gazon qu'on y avait formés.

Aristus embrassa Amyntas et son fils : O toi, mon ami ! et toi, le fils de mon ami ! dit-il, cette cabane, ces arbres, ce coteau, tout cela est à vous, je vous le donne. Je viens d'acheter ce terrain, et j'y veux demeurer avec vous ; les jours de ma vieillesse s'écouleront dans cette cabane, sous ces arbres, au bord de ces ruisseaux ; et, si je meurs, si j'expire dans tes bras, cher Amyntas, alors, mes chers amis, ensevelissez-moi là-bas entre ces deux arbres touffus, où fleurissent des lis bleuâtres. Amyntas, plein de surprise et de ravissement, fut longtemps sans pouvoir parler. Ah ! dit-il enfin en embrassant son ami, cher Aristus, que tu es généreux ! que ma vieillesse va s'écouler agréablement dans tes bras ! Daphnis, quand nous mourrons, enterre-nous à côté l'un de l'autre au milieu des lis ; et que ces arbres soient

nommés par toi et par tes enfants, *Aristus* et
Amyntas.

Ils allèrent ensuite visiter la cabane, qui, sans
être ornée, était propre, spacieuse et commode. Le
soleil du matin traçait sur les murs blancs les ombres
mouvantes des arbustes et des rosiers qui se balan-
çaient devant leurs fenêtres. O Aristus! s'écria Daphnis avec ravissement; et courant à lui, il lui baisa la
main. Il fit le tour de toute l'habitation, et il la trouva entourée d'une forêt de beaux arbres, dont les
branches soutenues par des perches pliaient sous le
poids des fruits jusque dans l'herbe : il vit aussi des
ceintres formés par la vigne, qui s'étendaient d'un
arbre à l'autre. Bienfaisant Aristus! s'écria-t-il ; et il
courut encore une fois lui baiser la main. Aristus,
témoin de la joie d'Amyntas et de Daphnis, éprouvé
ce ravissement divin qui n'est senti que de Dieu et
de l'homme généreux. Quelle félicité céleste de voir
les transports de reconnaissance de ceux à qui nous
avons fait du bien !

Daphnis descendit gaîment pour conduire son petit
troupeau dans les champs. Aristus et Amyntas restè-
rent sur le coteau, s'entretenant ensemble à la douce chaleur du soleil du matin. Cependant Daphnis,
conduisant son troupeau, se parlait ainsi à lui-même :
J'ai maintenant un coteau, et notre cabane devient
vacante; ô dieux ! vous m'avez exaucé, je puis dé-

sormais secourir l'infortuné que je vis hier ; je prierai mon père de lui donner notre cabane. Il passa
toute la journée dans cette idée satisfaisante : et à
peine le soir fut-il venu qu'il voulut s'en retourner
à son ancienne cabane ; mais déjà il n'y trouva plus
Aristus ni son père. Quelle fut sa surprise lorsque
l'infortuné qu'il avait vu le matin vint au-devant de
lui ! Daphnis ! dit cet homme, pendant qu'un torrent
de larmes coulait de ses yeux, comment reconnaître
un si grand bienfait ? comment exprimer mon ravissement, ma reconnaissance ? Les termes me manquent, mes larmes de joie ne peuvent suffire ! Ah !
dieux! que l'homme par qui vous faites du bien est
heureux ! Oui, Daphnis, ton père m'a donné cette
cabane et ces arbres. Daphnis, transporté de joie,
embrassa cet homme : Fais-moi, disait-il, fais-moi le
récit de cette agréable aventure. Comment mon père
t'a-t-il trouvé ? — Peu après que tu m'as quitté,
continua l'homme, mon fils cueillait des pommes sur
ton coteau. Ton père étant survenu, a pris l'enfant
sur ses genoux, et lui a demandé qui était son père.
Philétas, a dit l'enfant en balbutiant. Et où est votre cabane ?... A cette demande, l'enfant a répondu
en pleurant : Nous n'avons plus de cabane, nous
n'avons plus de jardin, nous n'avons plus d'arbres.
Amintas lui a demandé ensuite où j'étais, et lui a
ordonné de m'aller chercher : l'enfant, sautant de

7

dessus ses genoux, est accouru pour me conduire à ton père; il a fallu lui conter mon malheur. Philétas, m'a-t-il dit, cette cabane qui est là-bas au bout de la prairie, et les arbres qui l'ombragent, seront et ta cabane et tes arbres; j'habite maintenant ce coteau, sois mon voisin et mon ami. J'ai cru entendre la voix d'un dieu; je croyais que c'était un songe; je ne pouvais le remercier, je ne pouvais que pleurer. A ces mots Philétas se tut et leva les yeux au ciel. Pendant qu'ils parlaient ainsi, l'enfant ingénu avait passsé ses petits bras autour des genoux de Daphnis, et, d'un air riant, il levait ses regards sur lui comme s'il voulait le remercier.

— Vis heureux, Philétas, vis heureux dans ta cabane! que tes arbres soient bénis! dit Daphnis; et en disant cela il prit l'enfant dans ses bras et le baisa, tandis que l'enfant, avec ses petites mains, se jouait en souriant dans les boucles de ses cheveux.

LA MORT DE L'HOMME VERTUEUX.

Dans l'ancienne Castille d'or, qu'on nomme aujourd'hui Terre-Ferme, est un séjour désert où la simple nature semble avoir épuisé ce qu'elle a de plus merveilleux. De jeunes peupliers, des bosquets d'arbres odoriférants, plantés dans un ordre naturellement symétrique, la belle rivière d'Orénoque, qui, roulant majestueusement ses eaux sur les vastes étendues de son lit, va se perdre dans le lointain en paisibles détours, forment un spectacle qu'on ne peut voir d'un œil indifférent. Cette perspective est bornée par d'épaisses forêts qui, dans l'éloignement, terminent le plus agréable horizon du monde.

C'est dans cette riante solitude qu'habitait, dès longtemps, un vieux solitaire appelé Kador. Là, depuis quarante ans, le bon vieillard passait ses jours avec Dieu. Sans passions, sans soucis, sans désirs, il respirait l'innocence. Son âme était pleine de l'amour de la vérité. Sa conscience était pure, son cœur était satisfait. Sage dès sa jeunesse, l'amour de la vertu était chez lui comme une action naturelle dont il suivait sans effort la douce impulsion. Rien ne troublait le cours de ses paisibles journées. Il avait vieilli, ainsi que tous les objets qui l'environnaient, sans presque s'en apercevoir, parce que son âme avait toujours été la même.

Sa cellule, ouvrage de ses mains, était située sur la pente d'une colline tapissée de lierre sauvage, qui la protégeait contre les vents du nord. C'était un tissu de feuillages et de gazons que le temps avait

couvert d'une mousse épaisse. Elle était environnée
d'une haie verte de mangliers et d'aubépine qui ne
laissaient, entre eux, qu'une étroite ouverture, et
qui ajoutaient aux charmes de cette simple retraite.
Une source d'eau vive qui coulait tout près, sous un
antique chêne, avait particulièrement fixé le solitaire en ce lieu. C'était là que chaque jour il venait
éteindre sa soif, en satisfaisant aux autres besoins de
sa subsistance.

Le solitaire s'occupait tantôt à cultiver un petit
jardin qu'il avait défriché devant sa cabane, tantôt
à creuser les fossés qui en fermaient l'enceinte. Il
étendait les rameaux du fertile espalier; il prévoyait
la destruction des plantes, et ses mains industrieuses
aimaient à en renouveler l'existence. Il étudiait la
nature, et en recherchait curieusement tous les secrets. Plusieurs autres occupations de cette espèce
partageaient innocemment son loisir.

Un beau soir, le bon Kador était assis sur une
pierre, à côté de l'entrée de sa cellule, au milieu
d'un plant de jasmin; son front chauve était tourné
vers les cieux; tout en lui respirait la douceur et le
calme attendrissant d'une longue sagesse.

— Que le ciel est beau, disait-il! Que j'aime à voir
ce bel azur et ces nuages d'albâtre et de pourpre qui
descendent lentement vers les plaines de l'occident!
O riche et superbe dôme, dont la vue me remplit

d'une douce ivresse, quand verrai-je expirer dans
ton sein mes brûlants désirs? Quand cesserai-je de
tenir à la terre, pour contempler de près le majes-
tueux éclat de ton auteur?.... Mais dois-je être im-
patient lorsque je touche au terme de mes jours? Ne
serais-je pas injuste d'accuser la lenteur du trépas,
tandis que le ciel semble avoir choisi le réduit le plus
beau qu'il y ait sur ce globe pour m'y faire couler une
vie fortunée, autant qu'elle peut l'être sous le fir-
mament? Tout ce qui m'environne est à moi; je
jouis des riches présents de la terre et des beautés
tranquilles de la nature : mon œil ne s'égare que sur
de riants paysages. Là-bas, c'est la douce lumière
du soleil, finissant son cours, qui vient réjouir ma
vue; ses rayons mourants, qui vont se perdre dans
le cristal du fleuve, m'offrent la plus touchante
perspective.

Ici le gazouillement faible et tendre de ce petit
oiseau, qui s'assoupit par degrés sous ces branches
épaisses, m'offre l'image d'un sage qui, au terme
d'une carrière vertueuse, s'endort paisiblement au
sein du trépas. Là sont les débris de l'antique habi
tation qu'occupait un vieux pasteur avec sa fille,
lorsque je vins, pour la première fois, dans ce désert. Je ne fus point fâché de sa rencontre : la simplicité de ses mœurs me toucha. Je l'aimai, parce
qu'il était doux et bienfaisant. Il écarta de ma jeu-

nesse les ennuis et les chagrins, et me fit trouver
des douceurs dans la vie solitaire. Bientôt je le vis
mourir avec sa fille. Ils sont enterrés sous ces grands
marronniers que je vois là-bas. J'ai vu le temps détruire leur cabane, il n'en reste presque plus aucun
vestige. Que d'années, depuis ce temps, se sont
amassées sur ma tête ! Que de changements sont ar-
rivés sous mes yeux! J'ai vu la mousse croître, s'é-
paissir sur le toit que je m'étais bâti, et les plus
beaux arbres se convertir en troncs morts et desse-
chés. J'ai vu plus d'une fois la foudre sillonner ces
gazons verts, et creuser des gouffres sous mes pas.
Je l'ai vu dissoudre, calciner et réduire en poussière
d'énormes rochers qui touchaient la nue, et qui semblaient inébranlables. J'ai vu la froide vieillesse
blanchir mes cheveux, et j'ai senti ses doigts pe-
sants s'imprimer lentement sur mes joues, où bril-
laient autrefois les roses du bel âge. C'est ainsi que
la succession des ans entraîne les révolutions. Mais
sans doute que le temps est venu où je vais payer
le dernier tribut à la nature. Alors le vertueux
Kador, sentant l'épuisement total de ses forces, appela le jeune homme qui, depuis quelques années,
partageait cette solitude avec lui. D'affreux malheurs l'avaient conduit dans ce désert. Le repos, la
douceur du climat, les soins paternels du bon vieillard, avaient remis le calme dans son âme. Viens,

mon fils; viens embrasser pour la dernière fois ton
ami mourant, lui dit le vieillard d'une voix presque
éteinte. Je sens que mes yeux vont se fermer pour
toujours, et que mon corps va reprendre sa première forme. Déjà mon âme s'élève au-dessus de la
terre, qui s'abaisse sous mes pieds; viens te réjouir
avec moi. Si je te devance de quelques jours dans la
région des délices, tu ne dois pas t'en plaindre; j'ai
passé des années longues et tranquilles; j'ai rempli
ma carrière avec fruit, et je meurs content. Il n'est
que la défiance et l'obscurité de notre état futur qui
puissent alarmer l'homme aux approches de son
trépas; mais un bonheur éternel est le but de notre
existence, et la mort en est le sublime accomplisse-
ment. Si tu perds sur la terre un ami mortel, je t'en
laisse un dans le ciel qui est éternel. Il n'est qu'une
vie coupable qui puisse te ravir les soins de sa
Providence et les regards de sa tendresse. Je te laisse
mon petit héritage; continue de vivre comme tu as
vécu depuis que tu habites avec moi; cultive toujours l'innocence et la sagesse; fais-toi des images
vives du bonheur qui doit être la récompense du
sage. Ne profane point tes derniers moments par
une crainte vulgaire; et le ciel, qui répand des grâces sans mesure sur les gens de bien, te conduira à
ce terme aussi heureusement que j'y suis arrivé.

Quand je ne serai plus, tu creuseras mon tombeau

sous le jeune peuplier qui est sur cette rive du fleuve, où l'onde baigne mille roseaux. Ce lieux m'a plu pendant ma vie; j'y ai passé des moments délicieux; c'est là que j'aimerais que mon corps reposât... J'attends ce dernier bienfait de ta tendresse... Adieu... bon jeune homme:... Déjà la terre s'enfuit... Tout ce beau vallon disparaît à ma vue... Mon voyage est fini... Adieu, ne pleure point ma mort... mais chéris ma mémoire... Ne la perds jamais de vue, et tu seras toujours vertueux.

À ces mots, son œil se ferme sans efforts à la lumière. Il passe comme un nuage léger qui se dissipe insensiblement sur un ciel d'azur. Que le dernier sommeil du juste est riant! Le jeune homme considère ce front vénérable où brille encore la douce image de la vertu. Il ne peut retenir des soupirs qui s'échappent de son cœur oppressé. Il l'embrasse avec tendresse.

— O mon père! tu n'es donc plus!... Tu me laisses donc livré à moi-même dans cette solitude!... Qui sera désormais la lumière de mes yeux?..... Qui sera le soulagement de ma vie?...

Son affliction allait augmenter. Des larmes coulaient abondamment sur ses joues; mais les dernières paroles de Kador s'offrent à sa pensée. Il s'arme de courage, essuie ses pleurs, et songe à exécuter les dernières volontés du vieillard. Il charge son corps

sur ses épaules, et le porte avec lenteur au lieu in-
diqué pour sa sépulture. Arrivé sur les bords du
fleuve, il dépose à côté de lui son auguste fardeau, et
creuse tristement sa fosse. Il lui semble que toute la
nature, et tout ce qui respire dans ce désert, gémis-
sent de la perte de son bienfaiteur. Quand le tombeau
est fini, il y couche doucement le vieillard, puis il
s'arrête à le considérer. Il l'examine, le contemple
encore, et ne peut se résoudre à le couvrir de terre.
Il se sent attiré vers lui ; son cœur est plein d'une
tristesse douce et tendre, et de nouvelles larmes lui
échappent. *Heureux Kador*, dit-il, *tu vois ma faiblesse, mais tu ne peux la condamner ; tu fus mon
père, tu m'avais appris à te chérir ; je te perds : puis-
je ne pas verser des pleurs ?*

Cependant il jette de la poussière sur le cadavre
du vieillard ; déjà il a couvert la moitié de son front :
il s'arrête encore tout-à-coup.

— Voilà donc ton éternelle demeure !... Je ne te
verrai plus !... Jamais je n'entendrai cette bouche
d'où sortait la sagesse !... Le ciel l'ordonne, mais je
t'aimerai toujours...

Enfin le corps de l'homme vertueux et bienfaisant
disparaît sous le sable. Le jeune homme achève le
monument, l'entoure d'un vert gazon, et le couvre
d'une pierre où il trace ces mots : *Ci-gît le plus vertueux des hommes.* Puis il s'approche de la rive du

fleuve, et fait cette courte prière : Grand Dieu! tu
m'as enlevé du monde corrompu pour me transpor-
ter dans une terre heureuse où j'ai trouvé l'oubli de
mes inquiétudes sous les ailes de la sagesse. Tu me
laisses sans guide ; mais j'atteste les cendres précieu-
ses que je viens d'inhumer, que cette onde cessera
son cours, et que ma langue se desséchera dans ma
bouche, avant que je m'écarte des routes que m'a
frayées ton divin serviteur.

Cependant, malgré le trépas du vieillard, il coulait d'heureux jours dans ce beau désert; sans cesse
il venait sur le tombeau renouveler ses serments. Des
fleurs s'étaient élevées à l'entour et sur le monument.
Avec leurs parfums il respirait je ne sais quoi de divin qui le mettait tout hors de lui-même, et qui semblait l'assurer que son bonheur ne finirait qu'avec
sa vie.

LES DOUCEURS DU TRAVAIL.

Omar, l'ermite de la montagne d'Aubukabis, qui
s'élève à l'orient de la Mecque, et qui domine sur
toute la ville, trouva un jour, au lever du soleil,
un homme seul et pensif, assis à quelques pas de sa

cellule. Il le regarda longtemps avec attention, et s'aperçut que ses yeux étaient sombres et hagards, son corps faible et décharné. Cet homme semblait aussi fixer attentivement le bon ermite. Tout-à-coup, comme s'il fût sorti d'un songe profond, la rougeur couvrit son visage, et il se prosterna vers la terre. Fils de l'affliction, lui dit Omar, qui es-tu, et quel est le sujet de ta peine? Mon nom, répliqua l'étranger, est Hassan. Je suis né dans cette ville. L'ange de l'adversité a étendu sa main sur moi, et il n'est pas en ton pouvoir de me délivrer du mal qui fait naître ta généreuse compassion. Ta délivrance, reprit Omar, n'appartient sans doute qu'à celui de qui nous devons recevoir avec humilité le bien et le mal. Cependant ne me cache pas la source de ton infortune; car si je ne puis rejeter loin de toi le fardeau qui t'accable, je puis au moins t'aider à le supporter. Hassan fixa la vue sur la terre, et demeura quelque temps en silence. Poussant enfin un profond soupir, il leva les yeux vers Omar, et satisfit ainsi sa demande.

Il y a environ six ans que notre puissant seigneur, le calife Almalick, dont la mémoire soit à jamais bénie, vint, pour la première fois, adorer Dieu en secret dans son temple de la sainte cité. Après qu'il eut satisfait à ses premières dévotions, il resta quelques jours dans la ville, occupé à relever le faible et ré-

primer l'oppresseur. La veuve respirait sous sa défense. L'enfance et la vieillesse marchaient appuyées
sur sa généreuse bonté. Moi, qui ne craignais de malheur que la maladie, et qui n'attendais de bien que
le prix de mon travail journalier, je chantais en faisant mon ouvrage, lorsque Almalick entra dans ma
demeure. Il tourna de tous côtés ses regards avec
un sourire de satisfaction, s'apercevant que tout était
simple, mais propre, et que j'étais content dans le
sein de mon travail. Comme ses vêtements étaient
ceux d'un pèlerin, je me hâtai de le recevoir avec
les égards et les soins d'une tendre hospitalité ; et
ma gaîté était plutôt augmentée que gênée par sa
présence. Après qu'il eut pris quelque léger rafraîchissement, il me fit plusieurs questions ; et quoique
par mes réponses je m'efforçasse de l'exciter à la joie,
je m'apercevais qu'il devenait pensif, et qu'il me
considérait avec une attention profonde. Je soupçonnais qu'il pouvait m'avoir vu autrefois, et qu'il cher-
chait à me reconnaître : c'est pourquoi je lui demandai son pays et son nom. Hassan, me dit-il, j'ai fait
naître ta curiosité, et elle sera satisfaite. Celui qui te
parle maintenant est Almalick, l'ami du juste, dont la
demeure est le trône de Médine, et dont la mission
est d'en haut. Ces paroles me frappèrent d'étonnement, quoique j'eusse quelque doute de leur vérité.
Mais Almalick, dépouillant son manteau, découvrit à

mes yeux les ornements de l'empire, et mit l'anneau
royal à son doigt. Alors je me jetai à ses genoux, et
j'allais me prosterner devant lui ; il me retint. Hassan, me dit-il, arrête, tu es plus grand que moi ;
car j'ai tiré de toi les leçons de la sagesse. Je répon-
dis : Ne te moque pas de ton serviteur, qui n'est
qu'un ver en ta présence. La vie et la mort sont dans
tes mains ; le bonheur et le malheur sont les enfants
de ta volonté. Hassan, répliqua-t-il, je ne puis disposer de la vie et du bonheur qu'en m'abstenant de
les arracher à ceux qui les possèdent ; et toi, tu pos-
sèdes la félicité que je ne puis ni donner ni obtenir.
Mon pouvoir sur les autres remplit mon sein de sol-
licitudes. Je puis réprimer la fraude et la violence,
satisfaire les désirs dévorants de l'avarice et de l'ambition ; mais pour ce qui est de la vertu, je suis im-
puissant. Si je pouvais la récompenser, je la récom-
penserais en toi. Tu vis content, sans ambition et
sans avarice : t'élever, ce serait détruire la simplicité de ta vie, et altérer un bonheur que je n'ai le
pouvoir ni d'accroître ni de maintenir. Il se leva, et
me recommandant le secret, il partit.

Aussitôt que je fus revenu de la confusion et de
l'étonnement où m'avait plongé le calife, je commen-
çai à regretter que ma conduite eût rendu vaine sa
générosité, et j'accusai ma gaîté d'être cause de ce
que j'allais rester dans la pauvreté et dans le travail.

Je réfléchis alors à l'obscurité de mon état, où m'avait laissé languir une indifférence blâmable pour les richesses. Je négligeai mon travail, parce que j'en méprisais le salaire. Je passais le jour dans l'inaction, formant des projets chimériques pour recouvrer le bien que j'avais perdu ; et la nuit, au lieu de me plonger dans le sommeil doux et rafraîchissant, dont je ne sortais qu'avec des forces nouvelles et une nouvelle gaîté, je ne rêvais qu'à de riches habits, à un équipage fastueux, à des jardins et à des palais ; et je ne m'éveillais que pour regretter ces illusions, qui s'étaient évanouies. Ma santé enfin s'altéra par l'inquiétude de mon esprit ; je vendis tous mes meubles pour subsister, ne me réservant qu'un matelas sur lequel je demeurais souvent couché pendant tout l'intervalle d'une nuit à l'autre.

Dans la première lune de l'année suivante, le calife revint à la Mecque avec le même secret, et pour le même dessein. Il voulut voir encore cet homme qu'il avait vu ne tirer son bonheur que de lui-même ; mais il ne me trouva plus dissipant par des chansons la fatigue de mon travail, plein de vigueur et de contentement. Il me trouva au contraire pâle, défait, assis sur la terre, et buvant de l'opium, pour substituer les fantômes d'une imagination égarée aux réalités de la grandeur. Il était entré avec l'air d'une joyeuse impatience ; mais à peine eut-il jeté les yeux

sur moi qu'elle fut changée en surprise et en compassion. J'avais autrefois désiré une nouvelle occasion de parler au calife; cependant je fus confondu
à sa présence; et me jetant à ses pieds, je mis mes
mains sur ma tête, sans pouvoir proférer une seule
parole. Hassan, me dit-il, que peux-tu avoir perdu,
toi dont la richesse était le travail de tes mains ? Qui
peut t'avoir rendu triste, lorsque la source de ta joie
était dans ton cœur? Quel malheur t'est-il arrivé?
parle, et si je puis te soulager, tu vas redevenir heureux. Je fus encouragé par ces mots à lui répondre,
et je le fis ainsi : Que mon maître pardonne la hardiesse de son esclave, qui aimerait mieux devenir
muet pour toujours que de lui déguiser la vérité. Je
suis devenu malheureux par la perte de ce qui n'a
jamais été en ma possession : tu as élevé en moi des
désirs que je ne suis pas digne de te voir satisfaire.
Mais pourquoi as-tu pensé que celui qui était heureux dans l'obscurité et dans l'indigence ne serait pas
plus heureux dans l'opulence et dans les honneurs?
Lorsque j'eus fini ce discours, Almalick resta quelques moments en suspens, et je continuai de me prosterner devant lui. Hassan, me dit-il, je m'aperçois,
non avec indignation, mais avec regret, que je me
suis mépris sur ton caractère. Je vois maintenant que
l'ambition et l'avarice n'étaient qu'assoupies dans
ton cœur, parce que leurs objets étaient trop éloi-

gnés pour les réveiller. Je ne puis te revêtir d'autorité, parce que je ne veux pas soumettre mon peuple à l'oppression, et que je ne voudrais pas être forcé de te punir pour des crimes que je t'aurais mis à portée de commettre. Mais puisque je t'ai enlevé ce qu'il n'est pas en mon pouvoir de te rendre, je satisferai du moins en partie les désirs que j'ai éveillés en toi, de crainte que ton cœur ne m'accuse d'injustice, et que tu continues de vivre toujours insupportable à toi-même.

Lève-toi donc, et me suis. Je me levai de la terre où j'étais à genoux, comme si j'avais eu les ailes d'un aigle. Je baisai les bords de son manteau dans une extase de reconnaissance et de joie; et quand je fus sorti de ma demeure, le cœur me battait comme si je fusse sorti de la caverne d'un lion. Je suivis Almalick dans le caravansérail où il logeait; et lorsqu'il eut acquitté son vœu, je volai sur ses pas à Médine, où il me donna un appartement dans son sérail. J'étais servi par ses propres esclaves, et je recevais chaque semaine de son trésor une somme qui excédait mes plus ambitieuses espérances. Mais je sentis bientôt que les viandes qu'on présentait sur ma table n'étaient pas aussi savoureuses que celles que je mangeais assaisonnées par le seul appétit; que le sommeil n'était pas aussi doux que celui auquel j'étais invité par la lassitude, et que le temps ne coulait pas avec autant de charmes pour moi que lorsque mon travail attendait sa récompense. Je me rappelais avec regret mes anciennes jouissances ; et tandis que je soupirais au milieu de ces superfluités qui ne pouvaient rassasier mes désirs, elles me furent tout-à-coup arrachées. Almalick, au milieu de la gloire de son règne, et dans la plus grande vigueur de son âge, mourut subitement dans son bain.

Son fils Albubekir, qui le remplaça sur le trône, était animé contre moi par ceux qui me regardaient tout à la fois avec envie et avec mépris. Il supprima soudain ma pension, et ordonna qu'on me chassât honteusement de son palais. Ce commandement fut exécuté avec une telle rigueur que, deux heures après la mort de mon ancien maître, je me trouvai dans les rues de Médine, exposé à la faim et à la dérision, au sortir de la mollesse et de la vanité. Omar, Omar, garde-toi de me reprocher mes murmures, si l'expérience ne t'a pas fait connaître l'humiliation de la disgrâce. Pourquoi cette leçon a-t-elle été réservée pour moi dans le livre de la Providence? J'ai fui de Médine à la Mecque, et je ne peux fuir de moi-même. Combien sont différents les trois états par lesquels j'ai passé ! et toutefois leur souvenir est également plein d'amertume. Hassan ayant ainsi fini son histoire, joignit ses deux mains ensemble ; et levant les yeux vers le ciel, il laissa échapper un torrent de larmes.

Omar attendit que cet accès de douleur fût calmé ;
et le prenant par la main, il lui dit : Mon fils, ne livre point ton âme à l'affliction ; il te reste encore plus
de moyens de félicité qu'il n'a été au pouvoir d'Almalick de t'en donner, et qu'Albubekir n'a pu t'en
faire perdre. Le saint Prophète m'inspire les paroles
que je vais te révéler.

Tu as goûté autrefois le bonheur au sein de la pauvreté et du travail ; tu peux l'y retrouver encore.
Vois si tu as été heureux parmi les délices du palais
d'Almalick ! Tu ne l'aurais pas été davantage par la
possession de son empire. Crois-moi, mets ta confiance en celui qui seul peut satisfaire les désirs de
ta raison. Fixe ton espoir sur cet héritage auprès duquel le monde entier n'est qu'une goutte de la mer,
ou l'un des grains de sable répandus sur ses bords.
Retourne, mon fils, retourne à ton travail ; ta nourriture sera encore savoureuse, et ton sommeil gra-
cieux. Ton contentement aura une stabilité qui ne
dépendra point du caprice des hommes, et ta vie
sera un encens pur devant le trône de l'Eternel.

Hassan, dans l'esprit duquel l'ange de l'instruction
imprimait le conseil d'Omar, se hâta d'aller se prosterner dans le temple du Prophète. La sérénité de la
paix rayonna sur son âme comme le doux éclat du
matin sur le sommet de la montagne d'Aubukabis. Il

retourna avec gaîté à son travail, et ses derniers jours furent encore plus heureux que les premiers.

LE DUEL.

Melcour fut privé de ceux à qui il devait le jour dans un âge où il ne pouvait sentir toute l'étendue de cette perte. Un de ses oncles le retira chez lui, le fit élever avec son fils, et prit le plus grand soin de leur éducation. Florainville et Melcour, unis par les liens du sang, le furent bientôt par ceux de l'amitié, que l'habitude de vivre ensemble augmenta de plus en plus. Leur naissance les appelait au service. Dès qu'ils eurent l'âge requis pour y entrer, on leur obtint de l'emploi dans le même régiment. Florainville avait toujours fui l'étude. La dissipation qu'entraîne l'état militaire, en temps de guerre principalement (et nous y étions alors) ne contribua qu'à l'en éloigner davantage. Pour Melcour, il joignait à beaucoup d'esprit l'envie de le cultiver. Ses occupations avaient été sagement dirigées. Un caractère honnête, doux, sensible et complaisant, et des réflexions profondes, lui firent abhorrer, sur toutes choses, la criminelle pratique du duel, trop en vogue dans le temps qu'il commença à servir.

La différence des goûts diminua peu à peu l'amitié qui était entre ces deux jeunes gens. L'amour du plaisir aveugla Florainville. Il se dérangea. Ses dettes s'accumulèrent. Melcour le plaignit, l'aida de sa bourse, et chercha à le retirer du précipice où il allait se plonger. Il lui représenta combien sa conduite l'avilirait aux yeux des gens sensés. Ceux mêmes, lui disait-il, qui applaudissent à présent à vos faiblesses, seront les premiers à vous accabler des railleries le plus piquantes dès qu'ils vous verront sans ressource. Ils se disent vos meilleurs amis ; vous les croyez... Ils vous ont éloigné de moi. Ils m'ont peint à vos yeux sous les traits les plus défavorables ; et s'ils ne sont point parvenus à éteindre l'amitié que vous m'avez jurée, au moins l'ont-ils affaiblie... Les méchants savent combien ma tendresse pour vous est sincère. Ils sont instruits des soins que j'ai pris jusqu'ici de vous éclairer sur leurs perfides desseins, et ils veulent m'en punir. O mon ami ! s'ils parvenaient à m'enlever votre cœur, leurs succès ne seraient que trop complets. Mais je ne vous parle pas ici pour moi seul, mon cher Florainville ! Au nom des sentiments qui unirent notre enfance, ne plongez pas le poignard dans le sein du meilleur des pères. S'il était témoin des excès auxquels vous vous abandonez, il en mourrait de douleur.

Tous ces discours accablèrent Florainville. Il pro-

mit de changer ; mais ses perfides compagnons de
débauche lui présentèrent le crime sous des dehors
si séduisants, qu'il fut trop faible pour résister. Melcour, sachant qu'après avoir perdu au jeu des sommes considérables, il était allé dissiper son chagrin
dans un lieu infâme, osa l'y aller trouver, et lui rappela avec force ses devoirs, et les promesses qu'il
avait faites de les remplir.

Florainville ne se connaissait plus ; il se porta contre son cousin à des excès inexcusables. Il tira son
épée. Melcour refusant de se battre, ce furieux lui
tint les propos les plus insultants. Dans sa rage, il l'eût
frappé, si quelque reste de raison ne l'eût arrêté. Son
cousin, toujours aussi tranquille, ne se laissa pas
émouvoir ; malgré tout ce qui rendait Florainville
indigne de partager sa tendresse, il ne vit en lui
qu'un parent dont il était l'ami.

Celui-ci, ébranlé par cette égalité d'âme, revient à
lui-même. Il a honte de ses emportements. Il en demande mille excuses. Sa grâce était dans le cœur de
Melcour. Il ne la sollicite pas longtemps. Mille tendres embrassements furent le gage de leur réconci-
liation.

Un officier d'un autre régiment avait assisté à leur
dispute : il avait été témoin du peu de retenue de
Florainville, et le flegme de son cousin lui avait para

l'effet de son peu de courage. Il ne manqua pas d'en
faire des plaisanteries très fortes; elles furent enten-
dues de quelques-uns des camarades de Melcour.
Dans la carrière de l'honneur, le moindre soupçon
paraît injurieux. On fit lesrecherches les plus exac-
:es, et l'on découvrit ceux qui avaient donné lieu
aux propos de toute la garnison. On leur fait dire que
le corps a été insulté en leurs personnes, et que c'est
à eux à le venger. Ils n'ont pas même le choix des
moyens. Si ce qu'on raconte de leur dispute est vrai,
ils doivent se battre, ou égorger celui qui a eu l'au-
dace d'en imposer avec autant de malignité. Qu'on
se peigne la situation de Melcour! Ses principes lui
défendent le duel; et, s'il céde aux cruelles volontés
de son corps, il se trouve réduit à l'affreuse nécessité
de plonger son épée dans le sein de son semblable,
de son parent, de son ami. Il a beau représenter les
motifs qui l'ont guidé, on ne lui répond qu'en dési-
gnant l'endroit où il doit se rendre, et les armes qu'il
doit apporter. Rien n'égale son désespoir. Il se retire
chez lui. Florainville, qui vient le chercher, le trouve
les coudes appuyés sur une table, son visage couvert
de ses mains; ses larmes coulent en abondance; il
n'interrompt ses sanglots que pour répéter le nom de
Florainville. A ce spectacle, celui-ci ne se possédant
plus, se précipite aux genoux de son ami. Sa vue
retrace à Melcour toute l'horreur de son état; il le

repousse... Quoi ! dans un moment je dois te poignar-
der, tu t'offres à mes yeux !... Il tombe dans les bras
de son cousin ; ses pleurs coulent avec plus de force.
O Florainville ! dit-il d'une voix étouffée, si ma main
t'arrache la vie, je ne te survivrai pas. Que dirai-je à
ton père ? Hélas ! il n'a donc pris tant de soins de mes
premières années que pour me voir teint du sang de
son fils... O malheureux vieillard ! quel que soit le
succès de cet horrible combat, il sera pour ton cœur
paternel une source de larmes.

Dans ce moment, quelques officiers forcent la
porte : ils viennent pour avertir Melcour qu'il ne
peut se faire attendre plus longtemps ; que c'est
donner lieu de soupçonner sa valeur. Quel affreux
moment ! Les deux amis se tiennent étroitement em-
brassés. Ils ne répondent que par des sanglots.

Cependant Florainville, chez qui le cruel honneur
parle encore plus haut que l'amitié, rompt le premier ce douloureux silence. Il se lève, tend les bras
à Melcour qu'il n'ose regarder. Alors celui-ci : Quoi !
tu veux, barbare, que j'aille... Non, cruel, non : que
vos vains préjugés me déshonorent, j'y consens. Je
ne serai pas homicide... Vous voulez ma mort : eh
bien ! venez vous-même m'arracher une vie que je
déteste. Il se lève, se promène à grands pas. M'armer
contre lui, s'écrie-t-il ! Florainville, je te verrai ex-

pirer de ma main!... et ton père... il me redemandera son fils...

— Où est mon fils! où est mon fils! et je serai couvert de son sang !...

— Quel crime avait-il commis pour que ton bras...

— Aucun, aucun, ô mon second père!... La vengeance ne m'a point égaré... C'est en nous embrassant que nous avons tourné nos épées l'un contre l'autre... Un barbare préjugé m'a aveuglé : il est tombé sous mes coups, victime d'un faux honneur... Non... non, ô Florainville ! A ces mots, il se jette sur son cousin, le serre étroitement contre son sein.

— Je ne serai point ton assassin, non... et vous, retournez vers ceux qui vous ont envoyés : dites-leur que Melcour préfère un prétendu déshonneur à un crime... au plus affreux des crimes...

Son sort est décidé par cette réponse. Ses camarades viennent lui annoncer, avec tous les témoignages d'un sincère regret, qu'il ne peut plus être membre du corps, pusqu'il a refusé de se battre. Qu'on se peigne Florainville, écoutant cet arrêt. C'est lui qui a plongé Melcour dans cet abîme de maux. Le déshonneur de son cousin est l'ouvrage de ses dérèglements. Tout ne fait qu'augmenter son désespoir : on en craignait les suites; on l'arrache malgré lui à cette scène de douleur.

Melcour, resté seul, ne balance pas longtemps sur
le parti qu'il doit prendre ; il ne retournera pas dans
sa province pour essuyer des mépris qu'il n'a pas mé-
rités. En attendant que sa malheureuse aventure y
soit oubliée, ou présentée sous son véritable point
de vue, il va chercher à perfectionner, par des voyages, les connaissances qu'il possède. Dans la nuit
même, il fait tout préparer pour son départ, et écrit
une lettre à son cousin, dans laquelle il indique les
moyens de lui faire passer ses revenus, dont son âge
lui permet de disposer. Il instruit Florainville de
ses projets de voyage.

— Quant à vous, ajoute-t-il, apprenez notre sort à
mon oncle; qu'il sache qu'on a voulu me forcer à
vous égorger; qu'il en frémisse! et si ces barbares,
dont un faux honneur est le seul guide, me croient
indigne de servir ma patrie, qu'au moins votre père
applaudisse aux efforts courageux que j'ai faits pour
nous épargner un crime... Quelle leçon !.... vous en
profiterez, ô mon cher Florainville! Déjà votre
aveuglement a cessé... aimez-moi, aimez-moi toujours ! et si vous m'avez rendu votre cœur, gardez-
vous de me croire malheureux.

Dès la pointe du jour, il part, accompagné d'un
seul domestique. Il avait fait trois ou quatre lieues ;
il aperçoit à quelque distance du chemin un parti
ennemi sur le point de mettre en déroute un corps

8

moins considérable des nôtres. Il ne peut voir des
Français près d'être vaincus sans brûler de les secourir : la grandeur du danger disparait à ses yeux ;
et n'écoutant que la gloire, ce même Melcour, de la
valeur duquel ses camarades ont osé douter, vole
sur le champ de bataille, fait des prodiges, enlève
un drapeau aux ennemis, et les Français sont vain-
queurs.

L'officier général qui commandait ce détache-
ment, enchanté de la bravoure du jeune inconnu, le
prie avec instance de lui dire son nom. Je me ferai
connaître dans un instant, Monsieur, lui répondit-il ;
mais permettez que je vous demande quelle est votre destination actuelle.

— Je vais prendre le commandement de la garnison voisine (c'était celle d'où Melcour venait de
sortir).

— Eh bien ! j'aurai l'honneur de vous accompagner, et c'est là que je veux recevoir les éloges que
votre bonté daigne me prodiguer.

Ils arrivent.

— Monsieur, lui dit Melcour, la seule grâce que je
vous demande, c'est de convoquer chez vous les
officiers du régiment de*** (celui qu'il a quitté). Ils se
rassemblent. Melcour paraît.

— Reconnaissez, Messieurs, leur dit-il, la victime
infortunée d'un faux honneur qui vous rend injustes

et cruels, et auquel cependant vous sacrifiez presque tous. Parce que j'ai refusé de tremper mes
mains dans le sang d'un parent dont je suis l'aîné, et
qui effaça la faute la plus légère par les larmes du
plus sincère repentir; parce que j'ai écouté la voix
de l'humanité et de la religion ; parce que j'ai respecté
les lois de l'Etat, vous m'avez jugé indigne de porter les armes pour ma patrie. Les préjugés vous ont
aveuglés : vous n'avez pas craint de m'accuser de
lâcheté; je me suis vengé de cette accusation inju-
rieuse, et ce drapeau que j'ai enlevé aux ennemis
de ma patrie rend un témoignage assez glorieux de
ma valeur.

Tous ses camarades l'entourent, l'embrassent, et
réparent, par les éloges qu'ils lui prodiguent et par
les excuses qu'ils lui font, le soupçon odieux qu'ils
avaient osé former contre lui.

Le général, étonné, attendri de la grandeur d'âme,
que vient de déployer Melcour, le presse de reprendre son rang, en attendant qu'il puisse rendre compte
au ministre d'une aussi belle action. Melcour cède à
ses instances, unies à celles des officiers de son
corps.

— Acceptez, lui dit l'officier général, l'emploi
dont on voulait vous priver hier, comme un aveu
tacite de l'injustice du préjugé qui vous condamnait;
et puisse votre exemple, Monsieur, le déraciner en-

tièrement! Puis, se tournant vers les officiers qui
l'entouraient :

— Ce vertueux jeune homme vous apprend à ne
pas accuser de lâcheté celui qui, fidèle aux lois du
véritable honneur et de la patrie, refuse d'être un
vil meurtrier. Revenez, Messieurs, de la funeste erreur qui vous fait voir l'homme vraiment courageux
dans celui qui ne craint pas d'égorger son semblable pour laver une injure. Reconnaissez-le plutôt
dans celui dont l'âme est assez grande pour renoncer au plaisir de la vengeance ; remettez désormais
à un jour de bataille à vider vos querelles particulières. Que vos triomphes sur les ennemis de l'Etat
soient le supplice de celui qui vous aura offensé ; ou,
si l'insulte que vous avez reçue l'exige, que les lois
impriment à votre adversaire une tache ineffaçable ;
livrez-le à l'opprobre public : mais que tous vos
éloges soient réservés à Melcour, et à ceux qui au-
ront la magnanimité de suivre l'exemple qu'il nous a
donné en ce jour.

Pendant toute cette scène, qu'on se peigne les
transports de Florainville ; qu'on se le représente
tenant son cousin étroitement serré contre sa poitrine, l'arrosant des larmes délicieuses de la joie.
C'est dans cet heureux moment qu'il abjure ses
fatales erreurs ; et fidèle cette fois aux promesses
qu'il a faites, il n'est pas besoin de dire qu'il mérita,

ainsi que son vertueux ami, d'être élevé aux premiers grades du service militaire.

———⊰⊱———

LA PASSION DU JEU.

On m'a montré quelqu'un dont la physionomie,
quoique altérée, annonçait un grand caractère. Celui
qui me le fit remarquer m'en parla en ces termes :
Regardez bien, me dit-il, vous avez sous les yeux un
phénomène de force et de faiblesse ; cet homme qui
se survit à lui-même a cultivé jusqu'à trente ans
avec le plus grand succès les sciences et les lettres ;
un pas de plus il en doublait les bornes. Etant tombé
dans un cercle de joueurs, il y prit le goût du jeu,
qui bientôt se convertit en rage : malgré mes prières
et mes larmes, il perdit en peu de temps tout ce qu'il
possédait.

Comme il avait de la force, il fut sans désespoir.

— C'en est fait, dit-il, j'ai joué mon reste hier au
soir, je suis ruiné.

Je fis pour lui ce qu'il aurait fait pour moi : je
voulus le consoler.

— Vous souffrez, lui dis-je.

— Je souffre, mais je ne suis pas triste, parce que

je sais me résigner. Adieu, je ne vous reverrai plus ; respectez mes malheurs et surtout ma volonté, le seul bien qui me reste.

L'année révolue, je reçois un billet et de l'argent ; je cours chez mon ami, je le trouve assis au milieu de ses livres et dans l'attitude d'un homme absorbé par de profondes méditations. Je l'embrasse, je le félicite sur son nouvel état ; il venait d'hériter.

— Je me flatte, lui dis-je, que désormais vous saurez jouir, et que...

— Je ne jouirai pas davantage, me répliqua-t-il froidement.

— Quel triomphe pour la philosophie et pour les lettres !

— Elles n'y gagneront rien : je ne lis plus, je ne pense plus, je n'ai plus de désirs.

Il tomba dans un morne silence ; un instant après, ses yeux se ranimèrent ; je les vis briller de leur ancien feu ; j'écoutai.

— Le ressort de mon âme s'est brisé, mon ami ; tandis que je luttais contre un penchant plus fort que moi, j'ai tenté de substituer d'autres passions à ma passion fatale ; celle-ci renaissait toujours, ou plutôt elle ne m'a pas laissé un instant de relâche : finissons, je n'ai plus la force de parler ni d'entendre.

En me quittant, il me serra la main et me regarda d'un œil sec, car il n'avait plus de larmes. Maintenant

il me connaît à peine. Après avoir joué jusqu'au lit
qui servait de couche à sa femme et à son enfant;
après avoir tout perdu, il languit inerte et malheureux.

LA RECONNAISSANCE RÉCOMPENSÉE.

Louis XIV, qui avait fait déjà bombarder Alger,
chargea le marquis Duquesne de bombarder cette
ville une seconde fois, pour la punir de ses infidélités
et de son insolence. Le désespoir où étaient ces cor-
saires de ne pouvoir éloigner de leurs côtes la flotte
qui les abîmait, les porta à attacher à la bouche de
leurs canons des esclaves français dont les membres
furent portés jusque sur les vaisseaux. Un capitaine
algérien, qui avait été pris dans ses courses et très
bien traité par les Français, tout le temps qu'il avait
été leur prisonnier, reconnut un jour, parmi ceux
qui allaient subir le sort affreux que la rage avait in-
venté, un officier nommé Choiseul, dont il avait
aprouvé les attentions les plus marquées. A l'instant
il prie, il sollicite, il presse avec instance pour obtenir la conservation de cet homme généreux. Tout est
inutile. Alors voyant qu'on va mettre le feu au ca

non où Choiseul est attaché, il se jette sur lui à corps
perdu, l'embrasse étroitement, et adressant la parole
au cannonier, lui dit : « Tire : puisque je ne puis
sauver mon bienfaiteur, j'aurai au moins la consolation de mourir avec lui. » Le dey, sous les yeux duquel la scène se passait, en fut si frappé, tout barbare qu'il était, qu'il accorda avec le plus grand empressement ce qu'il avait refusé avec tant de fé-
rocité.

L'HEUREUSE ACQUISITION.

Le cardinal d'Amboise avait fait bâtir un magni-
fique château à la campagne. Comme cette superbe
maison était trop resserrée, et enveloppée de tous
côtés par des possessions étrangères, un gentilhomme du cardinal crut faire sa cour à son maître
en déterminant un de ses amis à lui vendre une terre
titrée, qui enclavait le plus le château. Le seigneur
fut invité à dîner. Après le repas, le cardinal l'ayant
conduit dans un cabinet, lui demanda par quel motif
il voulait vendre sa terre. Monseigneur, répondit le
gentilhomme, c'est par le plaisir de vous accommoder
d'un bien qui est si fort à votre bienséance. — Gar-

dez votre terre, répliqua le cardinal ; c'est l'héritage
de vos pères, le premier titre d'un nom illustre qu'ils
vous ont transmis, et que vous devez conserver à
vos descendants. Je préfère d'ailleurs un voisin tel
que vous, à toutes les commodités de mon château.

— Monseigneur, reprit le gentilhomme, je suis très attaché à ma terre, et ce qu'il vous a plu de me faire
observer me la rend infiniment plus précieuse. Mais
j'ai une fille : un gentilhomme du voisinage voudrait
l'épouser : le nom, la fortune, le caractère, tout me
convient ; mais il demande une dot que je ne puis
absolument lui donner. J'ai considéré qu'en vendant
ma terre je pourrais faire le bonheur de ma fille, et
placer avantageusement le restant de la somme pour
moi. — Ce projet n'a rien que de raisonnable, répondit le cardinal ; mais n'y aurait-il pas quelque moyen
pour marier votre fille comme vous le désirez, et de
conserver votre terre ? Ne pourriez-vous pas, par
exemple, emprunter de quelqu'un de vos amis la
somme dont vous avez besoin, sans intérêt, et remboursable à des termes fort éloignés, économiser
tous les ans quelque chose sur votre dépense, et
vous trouver quitte sans presque vous en apercevoir ?

— Ah! Monseigneur, s'écria le gentilhomme, où sont
aujourd'hui les amis qui prêtent une pareille somme
sans intérêt, et remboursable à des termes fort éloignés ? « — Ayez meilleure opinion de vos amis, répli-

qua le cardinal en lui tendant la main : mettez-moi du nombre, et recevez la somme dont vous avez besoin, aux conditions que je viens de vous expliquer.

Le gentilhomme, tombant aux genoux de son bienfaiteur, ne put répondre que par des larmes à un procédé si noble , et le cardinal ne parut jamais si content que d'avoir acquis un ami au lieu d'une terre.

LA VRAIE GÉNÉROSITÉ.

Le calife Almansor allait périr sous les coups d'une troupe de rebelles qui l'avaient surpris, lorsqu'un Arabe, appelé Maan, qui jusque-là s'était tenu caché pour éviter le ressentiment du calife, parce qu'il avait été l'un des principaux chefs du parti ennemi, voyant le prince en si grand danger, sort de sa retraite avec quelques valets, tombe sur les factieux, et les charge avec tant de vigueur qu'il les met en fuite, et arrache le monarque à une mort qui paraissait inévitable. Cette générosité de Maan était si peu commune qu'elle a passé en proverbe parmi les Arabes. Elle lui valut les bonnes grâces du calife, qui, pour première marque de faveur, le pria de lui raconter ses aventures.

— Prince, répondit Maan, ma vie, depuis l'éléva-
tion de votre famille, fut celle d'un fugitif qui, voyant
sans cesse levé sur sa tête le glaive de la vengeance,
s'enferma dans l'obscurité pour éviter ses coups. Je
restai longtemps caché dans la maison d'un de mes
amis à Basrah. Mais ne me croyant point en sûreté
dans cette ville, j'en sortis sur le soir, et je pris, à la
faveur d'un déguisement, le chemin des déserts. J'a-
vais évité toutes les gardes, et je me croyais hors
du danger d'être reconnu, lorsque tout-à-coup un
homme d'assez mauvaise mine saisit la bride de mon
chameau, et me demanda si je n'étais pas celui que
le calife faisait chercher partout, et dont la décou-
verte devait faire la fortune de celui qui le dénon-
cerait ?

— Non, répondis-je

— Quoi ! vous n'êtes pas Maan ?

Je fus déconcerté. Je pris un de mes joyaux, et
le lui présentant : Recevez, lui dis-je, cette faible récompense du service que vous me rendrez en favo-
risant ma fuite par votre silence : si les temps deviennent plus heureux pour moi, ma fortune sera la
vôtre. Cet homme, considérant le prix de ce joyau,
me dit :

— J'ai une demande à vous faire ; je vous prie de
me répondre avec sincérité. Ne vous est-il jamais
arrivé de donner en une seule fois tout votre bien ?

car je sais que vous passez pour un homme très libéral.

— Non.

— N'en avez-vous jamais donné la moitié?

— Non.

Enfin, descendant par degrés au tiers, au quart et jusqu'à la dixième partie, la honte me fit dire que je pourrais bien en avoir donné la dixième.

— Hé bien! reprit-il, afin que vous sachiez qu'il y a des personnes encore plus libérales que vous, moi, qui ne suis qu'un simple fantassin, qui ne tire que deux écus par mois de solde, je vous donne ce joyau, dont le prix passe plus de mille pièces d'or.

En achevant ces mots, il me jette le joyau, et disparaît. Surpris de cet acte héroïque, je vole après lui, et le supplie de revenir sur ses pas.

— Non, m'écriai-je, j'aime mille fois mieux être découvert et perdre la tête, que d'être vaincu par un procédé si généreux. Ame magnanime! ou je vais vous suivre, ou vous recevrez le tribut de ma reconnaissance.

A ces mots, il revient à moi, se jette à mon cou, et me dit :

— Vous voudriez donc me faire passer pour un voleur de grands chemins? Non, je ne recevrai point votre présent. car je ne pourrais pas en toute ma vie vous rendre la pareille. Après cela, nous nous séparâmes.

Almansor fut si charmé de ce récit qu'il fit chercher dans toute l'étendue de l'empire ce soldat généreux, pour couronner sa vertu. Mais toutes les perquisitions furent inutiles ; et cette action sublime fut publiée dans toutes les provinces musulmanes, sans que celui qui l'avait faite daignât se montrer.

L'AMOUR FILIAL MIS A L'ÉPREUVE.

Un fameux négociant de Babylone était mort aux Indes ; il avait fait héritiers ses deux fils par portions égales, après avoir marié leur sœur, et il laissait un présent de trente mille pièces d'or à celui de ses deux fils qui serait jugé l'aimer davantage. L'aîné lui bâtit un tombeau ; le second augmenta d'une partie de son héritage la dot de sa sœur. Chacun disait : C'est l'aîné qui aime le mieux son père : le cadet aime mieux sa sœur. C'est à l'aîné qu'appartiennent les trente mille pièces. Le juge les fit venir tous deux l'un après l'autre. Il dit à l'aîné : Votre père n'est point mort, il est guéri de sa dernière maladie ; il revient à Babylone.

— Dieu soit loué, répondit le jeune homme; ma's voilà un tombeau qui m'a coûté bien cher.

Il dit ensuite la même chose au cadet.

— Dieu soit loué, répondit-il, je vais rendre à mon père tout ce que j'ai; mais je voudrais qu'il laissât à ma sœur ce que je lui ai donné.

— Vous ne rendrez rien, dit le juge, et vous aurez les trente mille pièces; c'est vous qui aimez le mieux votre père.

LE SECOURS GÉNÉREUX.

Monsieur Richardson, capitaine d'un vaisseau marchand anglais, ayant été assailli, près de Dantzick, par une furieuse tempête, lutta toute la nuit contre la violence des flots. Quoique ses voiles se trouvassent déchirées et ses cordages rompus, il manœuvra avec tant d'intelligence et d'activité qu'il entra dans le port de cette ville à la fin du jour. A peine fut-il arrivé qu'il alla prier le capitaine d'un vaisseau qui était à l'ancre de porter du secours à seize personnes qu'il avait vues dans le plus grand danger, sur le tillac d'un vaisseau appartenant à des Dantzikois. Celui-ci ayant répondu qu'il ne voulait pas s'exposer à périr lui-même, l'Anglais lui dit :

— Eh bien! puisque le danger vous effraie, quelque fatigué que je sois, je vais le braver. Je vous demande seulement vos gens, parce que les miens sont excédés de travaux et de veilles. Refusé sur cet article, il se borna à demander une chaloupe qui était plus grande que la sienne ; mais elle lui fut également refusée. Indigné de tant de refus, M. Richardson sort du vaisseau, regagne le sien, et dit à ses matelots : Anglais, je trouve ici des âmes lâches et inhumaines; prouvons-leur que les nôtres ne le sont pas, et volons au secours de ces malheureux que vous avez vus à la mer. Tout l'équipage ayant répondu par acclamation, la chaloupe fut mise en mer, et les Anglais, affrontant la fureur des vagues, furent assez heureux pour sauver la vie aux seize personnes du vaisseau naufragé ; ce qu'ils ne purent faire qu'en trois voyages, parce que leur chaloupe était trop petite. Il n'y eut qu'une femme qui mourut le lendemain des suites de l'effroi dont elle avait été saisie, en se voyant près d'être ensevelie sous les eaux. Le roi de Pologne, informé de cette action vertueuse, chargea son commissaire général, résidant à Dantzick, de remettre de sa part au libérateur de seize de ses sujets une médaille d'or, représentant d'un côté l'effigie de sa majesté, et sur le revers une couronne de laurier et de myrte. Cette

médaille fut remise à M. Richardson, en présence
des magistrats de Dantzick, de la plupart des Anglais qui y étaient domiciliés, et de plusieurs étrangers qui s'empressèrent tous de lui donner les éloges
qu'il méritait.

LE BONHEUR DANS LA MÉDIOCRITÉ.

Un de mes amis vint un jour se plaindre à moi de
sa situation. Je n'ai pas de fortune, me dit-il, et j'ai
une famille nombreuse; je ne puis supporter plus
longtemps le poids de sa misère et de la mienne. J'ai
le dessein de m'éloigner de ma patrie, où j'ai honte
de ma pauvreté. Dans les pays éloignés, je serai
pauvre sans en rougir, puisque je serai inconnu.
Que sais-je encore? Vous m'avez dit souvent que je
n'étais pas sans talents et sans connaissances; si vous
vouliez me recommander à votre ami le gouverneur
de Gulistan, et qu'il voulût m'employer dans les
affaires du roi, la fortune se lasserait peut-être de
me persécuter; peut-être que je parviendrais aux
dignités. Mon ami, lui dis-je, prends garde à toi.
Il y a chez le roi deux sortes de places : celles qui
donnent le nécessaire, et celles qui donnent la puis-

sance Dans les premières, on est assez tranquille ;
dans les autres, on est environné de dangers. Il faut
te résoudre à te contenter de peu, ou à craindre
beaucoup.

Mon ami me répondit que, dans l'état où il était,
il ne voulait pas faire ces réflexions ; que l'espérance
était sa seule consolation, et qu'il voulait s'y livrer :
qu'au reste sa probité ferait toujours sa sûreté.

— Hélas ! lui dis-je, vous me rappelez l'histoire de
certain renard un peu plus prudent que vous ne l'ê-
tes. Quelqu'un le vit un jour courir de toutes ses
forces, et s'enfuir vers son terrier; il lui demanda :

— Pourquoi cette fuite précipitée ? as-tu commis
quelque crime dont tu craignes le châtiment?

— Aucun, dit le renard, Dieu merci, et ma conscience ne me reproche rien; mais je viens d'entendre les officiers du roi dire qu'ils avaient besoin
d'un dromadaire.

— Eh ! qu'as-tu de commun avec un dromadaire?

— Mon Dieu ! dit le renard, les gens d'esprit ont
toujours des ennemis. Si quelqu'un s'avisait de me
montrer aux officiers du roi, en disant : Voilà un
dromadaire, je serais pris et enchaîné, sans qu'on se
donnât la peine de m'examiner.

Mon ami, je reviens à vous. Je connais votre intégrité, mais les hommes faux vous cacheront les
piéges qu'ils sèmeront sous vos pas. Le méchant

fera entendre sa voix flétrissante. Le prince sera prévenu. Et qui trouverez-vous qui prenne votre défense? Soyez modéré. La mer est le chemin des richesses; mais si vous aimez la sécurité, restez au rivage. Comme votre ami, je vous dois mes conseils, mais je vous dois aussi mes services, et je vais vous donner une lettre pour le gouverneur de Gulistan.

Le lendemain mon ami partit avec ma lettre. Le gouverneur lui donna d'abord un petit emploi. On lui trouva du jugement, de la dextérité, de la politesse; on ne tarda pas à l'avancer. On fut également content de lui dans des postes plus élevés; et enfin il fut mandé à la cour. Le roi prit pour lui de l'estime et du goût. Il en fit son favori. On le montrait au doigt, en disant : Voilà l'ami de notre maître. Il ne tarda pas à me faire part de ses succès, et je partageais sa joie.

— Dieu soit loué! disais-je; je vois qu'il ne faut jamais renoncer au bonheur.

Peu de temps après, j'allai faire le pèlerinage de la Mecque. A mon retour, je rencontrai dans un vallon sauvage, mais fort agréable, un homme en habit de paysan qui sortait d'une cabane, et venait à moi en chantant et en riant. Il m'aborda dans un chemin couvert de grands arbres, et me dit :

— Les courtisans que vous m'aviez peints ont été mes ennemis du jour que le roi m'approcha de sa per-

sonne. Ils m'ont accusé de complots contre l'Etat et
d'innovations dangereuses. Le roi a négligé de connaître la vérité. Mes amis, ceux que j'avais obligés,
ont gardé le silence, et quelques-uns même se sont
joints à mes accusateurs. On m'a jeté dans une affreuse prison, où j'ai gémi longtemps. J'en suis
sorti, on m'a exilé, après m'avoir ôté mes richesses.
Vous me revoyez pauvre, mais content. Je connais
les hommes et la fortune. J'ai une cabane, et le petit champ que je cultive suffit aux besoins de ma
famille et aux miens.

LE RESPECT DES LOIS.

Il arriva un jour qu'un des domestiques du prince
Henri, fils aîné d'Henri IV, roi d'Angleterre, fut accusé au banc du roi, et saisi par l'ordre de ce tribunal.
Ce prince, qui l'aimait particulièrement, regarda cette
entreprise comme un manque de respect pour sa
personne; et n'ayant que trop de flatteurs autour de
lui qui enflammèrent encore son ressentiment par
leurs conseils, il se rendit lui-même au siége de la
justice; et se présentant d'un air furieux, il donna
ordre aux officiers de rendre sur-le-champ la liberté

à son domestique. La crainte fit baisser les yeux à
tous ceux qui l'entendirent, et leur ôta l'envie de répondre. Il n'y eut que le lord chef de justice, nommé
sir William Gascoigne, qui se leva sans aucune marque d'étonnement, et qui exhorta le prince à se soumettre aux anciennes lois du royaume : Ou du moins,
dit-il, si vous êtes résolu de sauver votre domestique
des rigueurs de la loi, adressez-vous au roi votre
père, et demandez-lui grâce pour le coupable. C'est
le seul moyen de satisfaire votre inclination, sans
donner atteinte aux lois, et sans blesser la justice.

Ce sage discours fit si peu d'impression sur le
jeune prince, qu'ayant renouvelé ses ordres avec la
même chaleur, il protesta que si l'on différait un moment à les suivre, il allait employer la violence. Le
lord chef de justice, qui le vit disposé sérieusement
à l'exécution de cette menace, éleva la voix avec
beaucoup de fermeté et de présence d'esprit, et lui
commanda, en vertu de l'obéissance qu'il devait à
l'autorité, non-seulement de laisser le prisonnier,
mais de se retirer à l'instant de la cour, dont il troublait les exercices par des procédés si violents. C'é-
tait attiser le feu et souffler sur la flamme. La colère
du prince éclata d'une manière terrible; et, montant
au comble, elle le porta à s'approcher furieusement du
juge, qu'il crut peut-être épouvanter par ce mouvement. Mais sir William, se rendant maître de tous les

siens, soutint merveilleusement la majesté du siège
sur lequel il représentait le roi.

— Prince, s'écria-t-il d'une voix ferme, je tiens
ici la place de votre souverain seigneur et de votre
père. Vous lui devez une double obéissance à ces
deux titres. Je vous ordonne, en son nom, de renoncer à votre dessein, et de donner désormais un meilleur exemple à ceux qui doivent quelque jour être
vos sujets. Et pour réparer la désobéissance et le
mépris que vous venez de marquer pour la loi, vous
vous rendrez-vous-même, en ce moment, dans la
prison, où je vous enjoins de demeurer jusqu'à ce
que votre père vous fasse déclarer sa volonté.

La gravité du juge et la force de l'autorité produi-
sirent l'effet d'un coup de foudre. Le prince en fut si
frappé que, remettant aussitôt son épée à ceux qui
l'accompagnaient, il fit une profonde révérence au
lord chef de justice, et, sans répliquer un seul mot,
il se rendit à la prison du même tribunal. Les gens
de sa suite allèrent aussitôt faire ce rapport au roi, et
ne manquèrent point d'y joindre toutes les plaintes
qui pouvaient le prévenir contre sir William. Ce
sage monarque se fit expliquer jusqu'aux moindres
circonstances. Ensuite il parut rêver un moment.
Mais levant tout d'un coup les yeux et les mains au
ciel, il s'écria dans une espèce de transport :

« O Dieu ! quelle reconnaissance ne dois-je pas à

ta bonté! tu m'as donc fait présent d'un juge qui ne craint pas d'exercer la justice, et d'un fils qui non-seulement sait obéir, mais qui a la force de sacrifier sa colère à l'obéissance. »

Ce trait fait également l'éloge de trois personnes du roi, de son fils, et de sir William.

FIN.

TABLE.

—

FIN DE LA TABLE.

Limoges. — Imp. EUGÈNE ARDANT et Cⁱᵉ.

Original en couleur

NF Z 43-120-8

www.ingramcontent.com/pod-product-compliance
Lightning Source LLC
Chambersburg PA
CBHW070412090426
42733CB00009B/1635